Connais-toi toi-même
PAR LES SCIENCES DIVINATOIRES

POUR TOUT SAVOIR SUR VOTRE AVENIR

Frédéric Maison Blanche

Connais-toi toi-même PAR LES SCIENCES DIVINATOIRES

POUR TOUT SAVOIR SUR VOTRE AVENIR

ÉDITIONS DE LA SEINE

INTRODUCTION

UN CONTE...

Un roi réunit un jour ses conseils et leur déclara :

« Je donnerai ma fille bien-aimée, si belle et si riche, en mariage à celui d'entre vous qui me donnera la formule pour devenir le roi du monde. »

Et chacun, bien sûr, de conseiller le roi, selon sa spécialité.

« L'unique formule, ô ! Grand Roi, affirma le chef des armées, est de faire une guerre impitoyable et totale à tous les peuples de l'univers.

Vaincre par les armes et s'imposer par la force est le moyen le plus sûr pour devenir le roi des rois.

– L'unique formule, ô ! Grand Roi, plaida le chef de la justice, est d'être un roi juste et équitable.

Donner sa place à chacun, selon sa mesure, être au-delà des oppositions et des contraintes, réaliser l'unité en équilibrant les forces de tous les pays, est le moyen le plus sûr pour devenir le roi des rois.

– L'unique formule, ô ! Grand Roi, spécula le grand argentier, responsable des finances du royaume, est d'être le plus riche de tous les rois. Ce qui, en conséquence, apporte le pouvoir absolu.

Provoquer la faillite des pays, leur prêter de l'argent à un taux élevé, puis les aliéner, est le moyen le plus sûr pour devenir le roi des rois.

– L'unique formule, ô ! Grand Roi, claironna le grand organisateur des Loisirs, est de donner des jeux aux habitants des pays à réduire.

Tous les jeux d'argent, de cirque et de luxure pervertissent le caractère et amollissent les forces vives. Pendant qu'ils joueront, ils ne défendront pas leur pays ! Voilà le moyen le plus sûr pour devenir le roi des rois. »

Et chacun de proposer sa formule.

Le grand échanson, de faire boire les habitants des autres pays jusqu'à l'ivresse ; le grand cuisinier, de les faire manger jusqu'à l'éclatement ; le grand médecin, de les droguer jusqu'à l'overdose ; le grand prêtre, de les endoctriner jusqu'à l'esclavage.

Vint un devin, érudit en sciences divinatoires, expert en astrologie et tarologie, décrypteur de lettres et de chiffres, symboliste et cabaliste, et enfin poète à ses heures.

« O ! Grand Roi, sais-tu que tout est signe et symbole dans le ciel et sur la terre, en haut et en bas, dehors et dedans.

Sais-tu que les Symboles – qui sont les mots des puissances cachées – contiennent une force extraordinaire !

Sais-tu que si je t'enseignais leur sens caché et l'ordre dans lequel il faut les lire et les dire, tu pourrais créer un nouvel univers, sans avoir à détruire ce qui existe autour de toi.

Tu pourrais faire des miracles en guérissant ceux qui souffrent et en conseillant ceux qui ont besoin d'aide.

Tu pourrais lire dans les pensées des autres, comprendre sans mot dire le cheminement de leur pensée et comme dans un livre ouvert, découvrir la vérité de leur sentiment.

Tu deviendrais alors le roi des rois d'un royaume infiniment plus grand et plus riche que tous les royaumes réunis de l'univers. »

Le roi écouta avec beaucoup d'attention les discours de ses différents conseils. Puis il se tourna vers le devin et le pria de venir le rejoindre dans sa bibliothèque.

Et le roi, aidé de son devin, se mit à lire mille et un livres. Il fit venir de très loin des ouvrages et des traducteurs. C'est ainsi notamment qu'il lut les Traditions de la Kabbale, les Recueils de Sentences du Livre Bahir, le Coran, la Bible, le Livre du Druide Dallan, le Livre Canonique de l'Apocalypse, les Tableaux de l'Alphabet Abjad/Dawah, les ouvrages de Ptolémée, d'Artémidore de Delphes...

La liste est trop longue pour les nommer tous.

Ce qu'il apprit modifia ses ambitions.

Il lui fut révélé qu'il pouvait devenir, non pas le roitelet d'un empire terrestre mais le roi d'un univers unique et infini comprenant le Ciel et la Terre, l'Amour et la Pensée.

Ce nouveau monde étant lui-même.

Il pénétra dans le cœur des symboles afin de comprendre leur contenu visible et invisible, leur qualité utile et leur pouvoir secret.

Il décrypta leurs codes lettrés et chiffrés, s'instruisit des correspondances qui existent entre les lettres, les chiffres, les éléments, les planètes, les dieux, les anges, les couleurs, les formes, les parfums, les émotions, les sentiments, les désirs, la force, l'inquiétude, la nature, les arbres...

La liste est infinie comme est infini l'univers.

Et après avoir parcouru l'alphabet des symboles et des signes, de l'alpha à l'oméga, il découvrit enfin la clé de l'univers

– son Univers. Et le roi fut heureux car il était devenu le Roi de l'Univers.

Comme il l'avait promis, il donna sa fille en mariage au devin.

Mais celui-ci refusa courtoisement, prétextant qu'à près de soixante ans, il était vraiment trop âgé pour être l'époux d'une jeune fille de dix-huit ans ! C'était fort sage.

En revanche, il devint son confident, son conseiller et son ami. Une sorte de mariage platonique comme les aiment les devins et les princesses !

Cette relation fut précieuse pour la fille du roi et son ami le devin... Mais cela est une autre histoire !

PREMIERE PARTIE

DOUZE METHODES DIVINATOIRES

1/1 ABACOMANCIE

●

DIVINATION PAR DES TABLES DE REFERENCES

●

UNE TABLE A DESSIN...

Le mot abacomancie vient du latin « abacus », damier, échiquier, table, et du grec « mantia », art de lire l'avenir.

Dans la Grèce antique, des devins rendaient des oracles et faisaient des prédictions dans un temple dédié à Héraclès, près de la ville de Boura.

Ils utilisaient différents supports selon leurs inspirations.

Par exemple, des osselets (astragalomancie), des dés (cubomancie ou kybomancie), des lettres (grammatomancie), des nombres (arithmomancie)...

Certains écoutaient les rêves de leurs clients (oniromancie) pour rendre des oracles.

Pour interpréter les messages que leurs « outils » de travail divinatoires (os, dés, lettres, nombres) leur donnaient, ils utilisaient des tables de lecture ou de référence appelées abaques.

Cela pouvait être des feuilles de papier, des tablettes en marbre, en pierre, la terre et le sable du sol.

Ils divisaient en secteurs la tablette et dessinaient à l'intérieur des divisions des figures symbolisant les préoccupations de leurs consultants.

UN EXEMPLE

L'AGRICULTEUR ET SES TRAVAUX

Imaginons un agriculteur souhaitant être guidé dans ses travaux.

Etant sous-entendu que l'oracle lui indiquerait ceux qu'il doit entreprendre en priorité afin de prospérer et de devenir riche...

CREATION DE L'ABAQUE (TABLE DE LECTURE)

Le devin divise une tablette en huit secteurs.

Dans chacun des secteurs, il dessine les figures symboliques des travaux que son consultant lui énonce.

* Travaux dans les champs : Symbolisés par un râteau

* Soins au bétail : Symbolisés par une tête d'animal

* Réfection de la toiture de la ferme : Symbolisée par un toit

* Réparation du chariot : Symbolisée par une roue

* Creusement d'un nouveau puits : Symbolisé par deux vagues

* Préparation du mariage des enfants : Symbolisée par deux personnages

* Repos : Symbolisé par un lit

* Travaux d'écritures et de comptes : Symbolisés par une lettre et un chiffre

A 4

TIRAGE AU SORT

Le devin propose alors à son consultant de « tirer au sort » un nombre.

Le tirage au sort peut se faire au moyen de dés, d'osselets, de toute sorte de procédés.

Un tirage au sort moderne peut se faire au moyen d'un jeu de tarot (dans ce cas, le numéro de la carte est retenu), par l'ouverture au hasard d'un livre (le numéro de la page donne le chiffre à garder), d'un chiffre apparu en rêve, etc.

Le chiffre « tiré au sort » indique le nombre de secteurs qu'il faut compter sur la table de références à partir de la première division.

Le comptage doit se faire dans le sens des aiguilles d'une montre.

Dans l'exemple de l'agriculteur et de ses travaux, supposons que le consultant ait tiré au sort le chiffre 11.

A partir du premier secteur symbolisé par un râteau (Travaux dans les champs), le chiffre 11 désigne le secteur symbolisé par un toit (réfection de la toiture de la ferme).

En conclusion, le devin conseillera à son consultant de s'occuper en priorité des travaux de réfection de la toiture de la ferme puisque ceux-ci sont « protégés » par les providences.

Inversement, les autres travaux et préoccupations semblent moins bien aspectés.

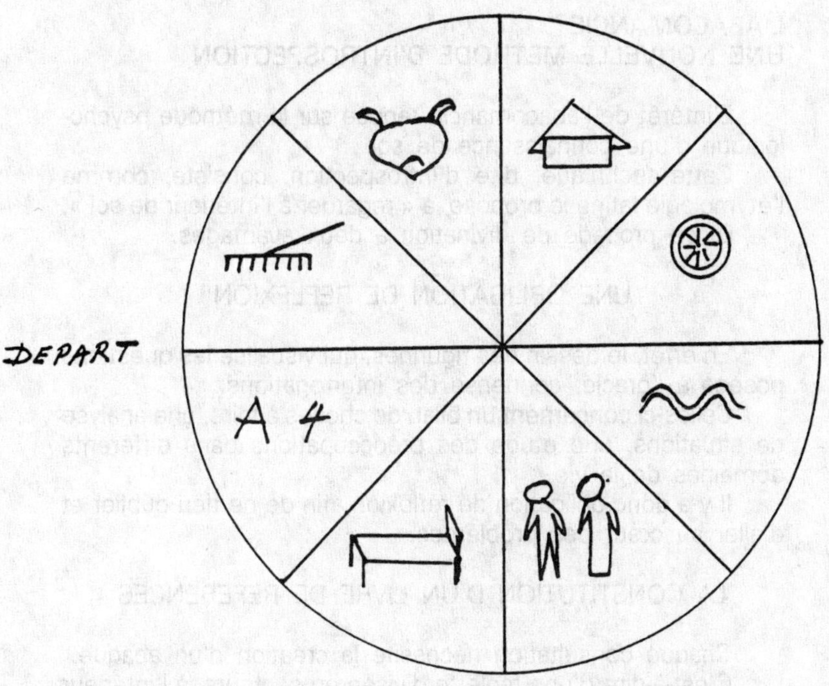

VOTRE ABAQUE PERSONNEL

La création d'un abaque est facile.

Il suffit d'une feuille de papier divisée en autant de secteurs que vous avez de choix – et donc de réponses – à vos préoccupations du moment.

Vous trouverez une rose des vents vierge sur laquelle vous pourrez dessiner les figures qui correspondent à vos projets, inquiétudes, espérances, soucis.

Un petit dessin, un mot... suffisent.

Le tirage au sort des secteurs « qui parlent » peut se faire au moyen de deux dés, d'une carte d'un jeu de tarot, de tous autres moyens qui vous permettent « de sortir » un chiffre.

Vous pouvez également utiliser le pendule si vous êtes initié en radiesthésie.

Dans ce cas, vous promenez votre pendule au-dessus des secteurs, jusqu'au moment où le pendule dit « OUI ».

L'ABACOMANCIE : UNE NOUVELLE METHODE D'INTROSPECTION

L'intérêt de l'abacomancie repose sur la méthode psychologique d'une connaissance de soi.

Cette technique, dite d'introspection, consiste, comme l'étymologie latine le propose, à « regarder à l'intérieur de soi ».

Et ce procédé de divination a deux avantages.

UNE OBLIGATION DE REFLEXION

En effet, le dessin des figurines, qui visualise les questions posées à l'oracle, condense des interrogations.

Celles-ci concernent un bilan de choses à faire, une analyse de situations, une étude des préoccupations dans différents domaines de la vie.

Il y a donc obligation de réflexion afin de ne rien oublier et d'aller au cœur des problèmes.

LA CONSTITUTION D'UN LIVRE DE REFERENCES

Chaque consultation nécessite la création d'un abaque.

C'est-à-dire d'une tablette divisée en secteurs, à l'intérieur desquels se trouvent des questions symbolisées par des figures.

A ce sujet, il est intéressant de noter la date de la consultation sur l'abaque.

Comme chaque consultation doit répondre, en principe, à une préoccupation, se trouve ainsi constitué un livre de références contenant des interrogations qui ont été posées à des moments précis pour des problèmes ponctuels.

Et il est intéressant de relire les tables de références afin de remonter dans le temps.

Il s'agit bien là d'une sorte d'analyse psychologique puisque peuvent être revécues en mémoire des situations marquantes.

De plus, certaines planches peuvent resservir dans la mesure où d'identiques préoccupations reviennent périodiquement.

1/2 ACUTOMANCIE

•

DIVINATION PAR LES EPINGLES INTERPRETATION DES FIGURES FAITES PAR UN JETÉ D'AIGUILLES

•

COMMENT TIRER SON EPINGLE DU JEU ?

Le nom acutomancie a été créé à partir du latin « acutus » qui signifie pointu, aiguisé, et du grec « mantia » art de lire l'avenir.

Le cérémonial divinatoire consiste à jeter une poignée d'aiguilles ou d'épingles – dix, douze, vingt, deux ou vingt-quatre... selon les auteurs – dans un espace, par exemple dans une assiette, un plateau, un tapis de jeux...

Il est conseillé de choisir des aiguilles ou des épingles à têtes de couleur et d'inclure une épingle de couleur différente qui désigne le consultant.

Les épingles, en s'éparpillant, forment des figures qui font l'objet d'interprétations.

Les messages divinatoires obtenus par ce procédé de jeté d'aiguilles se résument en quelques mots. Et ceux-ci ont pour fonction d'éveiller l'intuition, de susciter des images et d'obtenir des vérités « irrationnelles ».

L'art des interprétations réside dans la culture et la clairvoyance du devin.

AIGUILLES A DEVINER ET AIGUILLES A TRANSPERCER

Les aiguilles et nombre d'objets pointus entrent dans des pratiques divinatoires très proches de rituels d'enchantement et d'envoûtement.

Ne raconte-t-on pas que les dames du temps jadis, afin de capter le cœur et le corps de leurs amants, jetaient dans l'eau des fontaines, des épingles. Il fallait choisir des nuits de pleine lune et réciter quelques formules magiques achetées à prix d'or à des sorcières et à des magiciens.

A défaut d'une eau dormante, un miroir ovale faisait l'affaire.

Ce rituel de captation magique d'un cœur dont on veut se faire aimer reste poétique.

Il n'en est pas de même pour les prêtresses d'Alexandrie, en Egypte – entre autres –, qui transperçaient des figurines de cire représentant leurs ennemis au moyen d'épingles longues et fines.

De l'enchantement à l'envoûtement, les aiguilles passent de la magie blanche à la magie noire !

TABLEAU DES INTERPRETATIONS

C'est la position des aiguilles et les formes géométriques qu'elles dessinent qui font l'objet d'une interprétation divinatoire.

A défaut d'épingles et d'aiguilles, il est possible d'utiliser des allumettes. Le bout rouge de l'allumette remplace le chas de l'aiguille et la tête de l'épingle.

1/ Une majorité d'épingles tête vers le nord :
Réussite, avantage et honneur

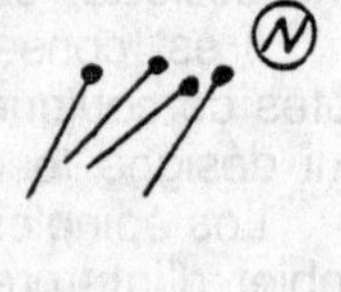

2/ Une majorité d'épingles tête vers l'est :
Malchance

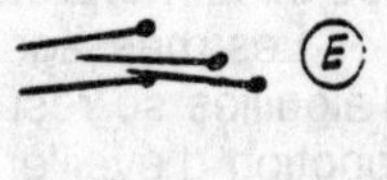

3/ Une majorité d'épingles tête vers l'ouest :
Rencontre heureuse, facilités de communication.

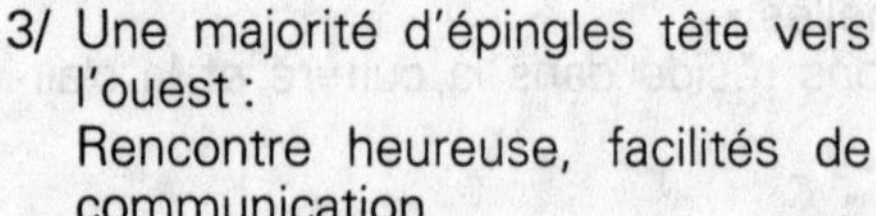

4/ Plusieurs épingles formant une ligne verticale :
Protection des providences

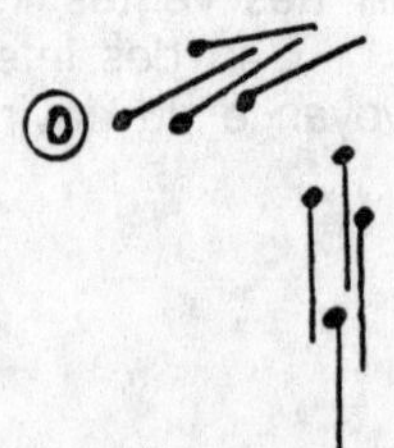

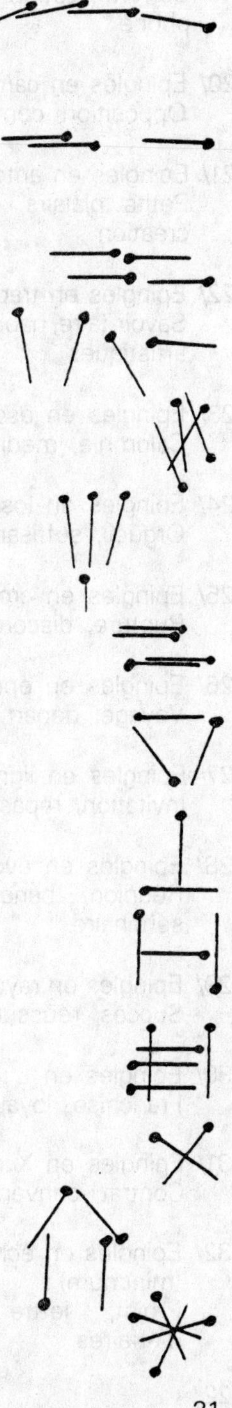

5/ Plusieurs épingles formant une ligne courbe :
Des retards sont à prévoir.

6/ Plusieurs épingles formant une ligne brisée :
Des voyages, des déplacements

7/ Plusieurs épingles formant des lignes parallèles :
Argent, avantages financiers

8/ Epingles bien séparées :
Bonheur, tranquillité

9/ Epingles groupées, accolées :
Malheur, difficultés

10/ Epingles en fourchette :
Amitié, amour, passion

11/ Epingles en rail :
Argent, avantage, satisfaction financière

12/ Epingles en triangle, têtes en bas :
Cadeau, récompense

13/ Epingles en T à l'envers :
Douleur morale, chagrin, souffrance

14/ Epingles en H :
Obstacle, danger

15/ Epingles en échelle :
Désaccord, désagrément, opposition

16/ Epingles en X :
Mariage, fiançailles, vie commune

17/ Epingles en toit pointu :
Grossesse, naissance

18/ Epingles en étoile :
Réussite, satisfaction, bonheur

19/ Epingles en I vertical :
Communication par lettre, téléphone

20/ Epingles en carré :
Opposition, contrariété

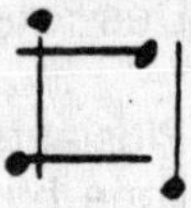

21/ Epingles en antenne TV :
Petits plaisirs, réjouissance, récréation

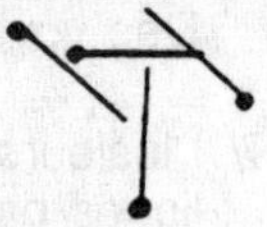

22/ Epingles en trapèze :
Savoir-faire, habileté, artifice, dons artistiques

23/ Epingles en escalier :
Calomnie, médisance

24/ Epingles en losange :
Orgueil, suffisance, vanité

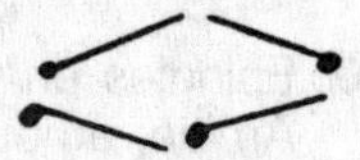

25/ Epingles en croix :
Rupture, discorde, divorce

26/ Epingles en épée :
Voyage, départ, lointain

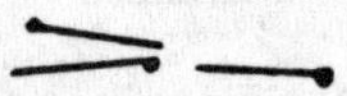

27/ Epingles en ligne :
Invitation, repas, soirée

28/ Epingles en éventail :
Réunion, banquet, assemblée, séminaire

29/ Epingles en rayon tête à gauche :
Succès, réussite

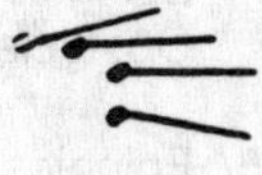

30/ Epingles en L :
Franchise, loyauté, ami sincère

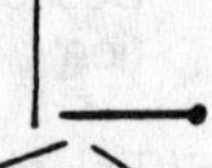

31/ Epingles en X recouvert :
Contrat, convention, protocole

32/ Epingles en échelle à 5 barreaux (minimum) :
Projet, lettre ou rencontre d'affaires

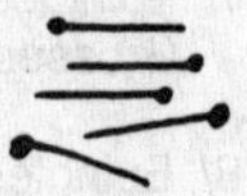

33/ Epingles en ciseaux :
Honneur, prestige

34/ Epingles en croix dans un carré :
Deuil, disparition

35/ Epingles en V :
Bonne entente, accord

36/ Epingles en T couché :
Maladie

37/ Epingles en Y couché :
Rencontre, amitié, sympathie

38/ Epingles en échelle désaxée :
Travail contrarié, difficultés professionnelles

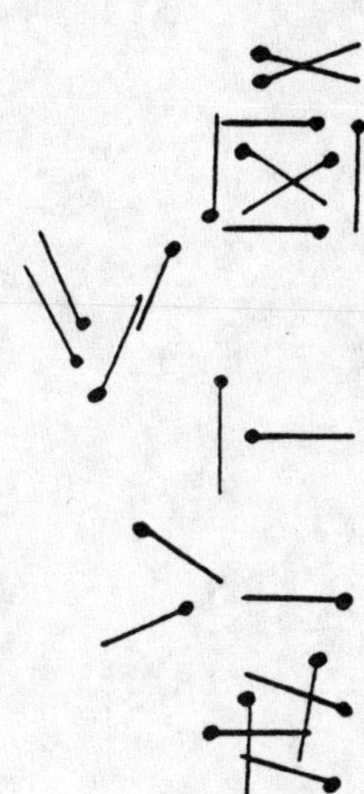

1/3 AEROMANCIE

●

DIVINATION PAR LES PHENOMENES METEOROLOGIQUES

●

ATMOSPHERE... VOUS AVEZ DIT ATMOSPHERE !

Pour les savants, l'atmosphère est la couche gazeuse (*atmos* = vapeur) qui entoure le globe terrestre et certains corps célestes.

Pour les profanes, les poètes et tous ceux qui croient en quelque chose de plus qu'une simple matérialité, il est évident que ce qui :

* se trouve en haut ;
* voyage dans le ciel ;
* parle comme le tonnerre ;
* réchauffe comme le soleil ;
* rend mélancolique comme la lune ;
* invite à partir comme les nuages...

a une signification cosmique.

L'aéromancie est la méthode divinatoire la plus ancienne puisqu'elle est pratiquée à partir du temps qu'il fait.

Il faut distinguer l'aéromancie, qui interprète « les signes du temps », de l'aéroscopie qui est de la météorologie populaire puisqu'elle explique les conditions atmosphériques en petites fables.

SAINT MEDARD : LE PREMIER METEOROLOGUE

Voici quelques exemples de message aéroscopiques :

* « S'il pleut à la Saint-Médard,
il pleuvra quarante jours plus tard. »

* « La lune pâle fait la pluie et la tourmente,
l'argentine le temps clair, et la rougeâtre le vent. »

* « Arc-en-ciel du soir,
du beau temps, l'espoir. »

* « Ciel rouge le soir, blanc le matin,
c'est le souhait du pèlerin. »

* « Lune dans le halo,
pluie au galop. »

* « Quand le vent du nord tourne à la pluie,
ça pisse plus qu'aucune truie. »

* « Quand le soleil se regarde (se mire dans les nuages),
garde-toi de la pluie. »

LE CIEL EST UNE CATHEDRALE REMPLIE DE STATUES QUI PARLENT

Revenons à l'aéromancie.

Tout ce qui est dans le ciel, tout ce qui vient du ciel, peut faire l'objet d'une interprétation divinatoire.

Beaucoup de vérités – pour ne pas dire toutes les vérités – sont « dans le temps ».

C'est pourquoi il est recommandé d'être très respectueux envers :

* Le soleil
Avec son lever et son coucher, son rayonnement, sa chaleur, ses couleurs.

* La lune
Avec sa naissance et sa disparition, ses croissants, ses pâleurs, ses noirceurs, ses rousseurs.

* L'arc-en-ciel
Avec ses sept couleurs, ses ponts, ses transparences, ses fragilités

* Les vents
Qu'ils soient coulis, zéphyr, rafale, tornade ; qu'ils soient chauds, glacials, brûlants, cinglants, humides, doux...

* Les nuages
Avec leurs formes en écharpe, en brume, en mouton, en pomme.

* La pluie
Qu'elle soit fine ou crachin, bruine ou brouillasse, battante ou diluvienne, grain ou grêle...

« LE TEMPS EST UN GRAND MAITRE, IL REGLE BIEN DES CHOSES » (CORNEILLE)

« Le temps est un grand maître... »
Celui qui passe mais aussi celui qu'il fait.

Voici quelques messages divinatoires à usage de ceux qui savent regarder dans les yeux du ciel...

A ce propos, les anciens avaient imaginé qu'il y avait sept ciels, ou plutôt sept voûtes de cristal successives, dont l'ensemble formait le firmament.

Ce mot a été créé à partir du mot latin « firmare » qui veut dire rendre ferme et solide.

C'est pourquoi comprendre le langage du ciel et de toutes les choses qui s'y trouvent, permet d'accéder au septième ciel.

Autrement dit, d'être protégé par une voûte en cristal, symbole d'un ciel ferme et sécurisant – qui ne tombera pas sur la tête ! –, mais aussi poétique puisque constellé d'images célestes, d'astres, d'anges, d'oiseaux, de chars solaires, de toute sorte de décorations célestes...

QUELQUES MESSAGES DIVINATOIRES

* Soleil rayonnant : Joie, optimisme, illumination
* Soleil se levant : Epanouissement, nouveau projet, nouvel amour
* Soleil radieux au zénith : Dynamisme, réussite
* Soleil se couchant : Repos, lassitude
* Soleil rouge : Tracas
* Soleil caché dans des nuages : Difficultés
* Soleil jaune : Rencontre amoureuse

* Lune dans un ciel de jour : Fin d'une période de tourment
* Lune dans un ciel de nuit : Protection
* Lune ronde : Amitié féminine
* Lune brillante : Fécondité
* Lune floue, dans de la brume : Maladie
* Croissant de lune : Nouvelle vie, renaissance

* Etoile filante : Disparition
* Etoile brillante : Danger
* Ciel très étoilé : Protection, succès
* Une seule étoile qui brille : Amour

* Foudre : Ennui
* Coup de tonnerre et éclair sans pluie : Amour
* Tonnerre avec rafale de vent et pluie : Conflit
* Eclair brutal : Sentiments violents
* Eclair dans un ciel serein : Illumination, intuition
* Eclipse lunaire : Sensibilité tourmentée
* Eclipse solaire : Fin d'un cycle, obligation de choix
* Arc-en-ciel : Réussite, victoire

* Nuages noirs : Présence d'ennemis
* Petits nuages blancs : Petits bonheurs
* Cumulus de nuages blancs : Protection
* Nuages rouges : Lutte, querelle

* Vent léger et doux : Bonheur, satisfaction
* Grand vent, vent violent : Désordre, danger
* Vent froid : Solitude, abandon
* Vent chaud : Amour
* Vent tournant : Imprévu
* Vent dérangeant : Malentendu, médisance

* Pluie violente : Perturbations
* Pluie légère : Inquiétudes, obstacles
* Pluie avec soleil : Evolution
* Tempête : Danger

ETOILE FILANTE ET COMETES

A Sparte, le ciel est pur si bien que les étoiles se montrent en pleine lumière.

Et tant mieux lorsqu'elles sont filantes puisque les souhaits, formulés à l'instant, sont censés être exaucés.

En revanche, gare aux comètes qui présagent des calamités.

La prise de Jérusalem, la mort de César et la chute de Napoléon n'ont-elles pas été annoncées par des comètes ?

1/4 ARITHMOMANCIE

•

DIVINATION PAR LES NOMBRES

•

IL Y A LES NOMBRES ET IL Y A LES CHIFFRES !

La divination par les nombres relève des mathématiques, de la géométrie, de l'astronomie, de la physique, de la philosophie et de la magie.

Pythagore, philosophe et mathématicien grec, est le théoricien des systèmes fondés sur les nombres.

Qu'importe leurs noms : numéromancie, numérologie, arithmomancie... ces sciences mathématiques, autant que divinatoires, reposent sur le postulat que nous sommes programmés d'après les nombres.

Chacun d'eux – du moins les neuf premiers et le zéro – possède une vibration personnelle. Celle-ci étant en correspondance avec les « choses » de l'univers et avec l'infini cosmique.

Qu'est-ce que cela veut dire ?

Les chiffres sont les écrits des nombres.

Ainsi le nombre trois devient un chiffre quand on lui donne un corps en le dessinant ou en le prononçant.

Les nombres – et donc les chiffres – ont commencé leur existence comme moyen de comptes. Les cinq doigts de la main ont certainement été la première machine à calculer !

Puis il est apparu que les nombres possédaient une force.

Platon, Pythagore, Boèce ont donné à chaque nombre une personnalité propre. Pour eux, il n'y a pas de hasard et l'étude des nombres permet, par des élaborations symboliques, d'accéder à une véritable compréhension des êtres et des événements.

La découverte puis l'interprétation et enfin l'acceptation des nombres, et de leur puissance, permettent de trouver une harmonie de vie dans la mesure où nos vibrations intérieures sont en heureuse correspondance avec celles de l'univers.

Le sujet de cet ouvrage n'étant pas la philosophie mais la divination, la signification mystique, métaphysique et symbolique des nombres ainsi que leurs vérités sacrées et divines ne sont pas développées.

Il demeure que ces sujets sont essentiels pour une compréhension de l'identité et des puissances cachées des nombres.

NUMERO ET ARITHMO...

Enfin, il faut distinguer l'analyse numérologique qui fournit des interprétations caractérologiques et les procédés divinatoires qui donnent des messages prévisionnels.

Cet ouvrage n'étant pas non plus un traité de caractérologie, cette partie spécifique de la numérologie n'est pas abordée.

Sachez seulement qu'une analyse numérologique tient compte :

* DU NOMBRE DE LA PERSONNALITE

Obtenu en additionnant les chiffres qui composent la date de naissance et en la réduisant selon le tableau des Equivalences.

Ce nombre explique les caractéristiques innées.

Il faut distinguer le nombre donné par le prénom qui explique la personnalité profonde, et le nombre du nom qui donne la personnalité sociale.

** DU NOMBRE DU DEVELOPPEMENT

Obtenu par la transformation en chiffres des lettres des noms et prénoms.

Ce nombre révèle l'acquis de la personnalité avec les chances de réussite.

LE PRINCIPE DE L'ARITHMOMANCIE : CHAQUE LETTRE A SON NOMBRE ET INVERSEMENT

Le tableau des Equivalences lettre/nombre est le suivant :

1	2	3	4	5	6	7	8	9
A	B	C	D	E	F	G	H	I
J	K	L	M	N	O	P	Q	R
S	T	U	V	W	X	Y	Z	

LA REGLE DES MONADES

En matière d'arithmomancie divinatoire, il s'agit d'obtenir des chiffres qui ont quelque chose à dire et qui donnent un message prévisionnel.

Laissons de côté les calculs savants et alambiqués qui étaient de règle chez les Grecs de l'Antiquité et chez les Arabes du Moyen Age.

Le système divinatoire employé appelé LA REGLE DES MONADES était d'une complication tellement subtile que les pronostics pouvaient s'interpréter de plusieurs manières, au gré des gagnants et des perdants.

Pour information, rappelons que le mot « monade », du grec « monas » unité, définit la notion d'unité parfaite qui est le principe des choses matérielles et spirituelles.

Le philosophe et mathématicien Leibnitz a proposé quatre espèces de monades :

* Les éléments de la matière, qui ne réfléchissent pas, ont des monades simples.
* Les animaux, qui ont quelques idées claires, ont des monades claires mais non distinctes.
* Les esprits fins ont des monades claires – mais parfois aussi confuses – mais surtout distinctes.
* Dieu, qui ne peut qu'avoir des idées adéquates, a des monades parfaites.

LA METHODE DIVINATOIRE DE L'ARITHMOMANCIE

Six opérations sont nécessaires :

1/ Calculer le NOMBRE PERSONNEL
Comment ?

1/1 Par la transformation en un chiffre des prénoms et noms.

1/2 Par l'addition des nombres qui composent la date de naissance.

Le Total de 1/1 et 1/2 donne le NOMBRE PERSONNEL.

2/ Calculer le NOMBRE DU JOUR
Celui-ci est donné par la date de la consultation.

3/ Obtenir un CHIFFRE ALEATOIRE.

Voici le rituel :

Inscrire les chiffres de zéro à neuf sur des bouts de papier pliés en quatre.

Mêler les papiers avant chaque tirage. Tirer un papier et retenir le chiffre indiqué.

Pour obtenir un chiffre aléatoire, on peut utiliser des jeux de cartes, un jeté de dés ou tout autre moyen qui permet de « sortir un nombre ».

4/ Faire le TOTAL du nombre personnel, du nombre du jour, du nombre de l'heure et du nombre (ou du chiffre) aléatoire.

5/ Prendre connaissance du message dans le tableau des Significations divinatoires.

Interpréter le message en fonction de la question posée.

TABLEAU DES SIGNIFICATIONS DIVINATOIRES DES NOMBRES

Si votre nombre est le...	Messages divinatoires
UN	CŒUR Nouvelles relations avec le monde extérieur. Epanouissement sur le plan relationnel. Période heureuse pour les gens mariés. Pour les autres, nouvel amour. TRAVAIL Epanouissement, période de succès et d'éclat. Avancement sur le plan profession-

nel avec davantage de liberté et d'indépendance. Responsabilité nouvelle, notoriété possible. Les travaux, les créations, les initiatives seront récompensés.

FINANCE
Succès. Rentrée d'argent, générosité venant de l'extérieur. Possibilité d'obtenir des prêts et des avantages.

SANTE
Amélioration de la santé. Les parties du corps concernées sont le cœur, les yeux, les épaules, le plexus solaire.

DEUX

CŒUR
Grande sensibilité sentimentale. Rôle important de l'imagination et de l'intuition dans les relations. Risque de déceptions affectives. Possibilité de naissance pour une femme. De nouvelles amitiés féminines sont à prévoir.

TRAVAIL
Changement sur le plan des activités. Restrictions des libertés d'agir. Malgré tout, esprit inventif. Les professions en relation avec le public sont favorisées. Attention à des ruptures de contrat. Mais celles-ci serviront finalement à une progression.

FINANCE
Fructification des revenus. Mais les finances restent malgré tout oscillantes car soumises à des fluctuations venant de l'extérieur. Risque de dépense inconsidérée.

SANTE
Les parties concernées sont l'estomac, les seins, le cerveau. Risque d'inquiétudes et de nervosité.

TROIS

CŒUR
Relations amoureuses impatientes. Défi affectif, sentiments un peu superficiels, relations « intellectualisées ».

TRAVAIL
Manque de résistance, fatigabilité. Changement de travail ou de lieu de travail. A surveiller : dispersion et maladresses.

Des voyages apporteront des opportunités. Des lettres ou des communications téléphoniques parleront de nouveaux projets. Rencontres de personnes plus jeunes qui auront un rôle à jouer.

FINANCE

Gains provenant d'écrits ou de communications. Prêts venant de l'extérieur, de la famille. Revenus de plusieurs sources. Transactions intéressantes.

SANTE

Petits ennuis sans gravité. Nervosité. Problèmes de poids. A surveiller : métabolisme. Les parties du corps concernées sont la tête, les intestins mais aussi le corps « psychique ». Risque d'angoisses et de somatisations.

QUATRE

CŒUR

Elévation ou amélioration par un mariage, par une union. Possibilité d'un foyer stable et heureux. Des appuis dans la famille et dans les relations.

TRAVAIL

Montée en grade, bonne surprise sur le plan de l'évolution professionnelle. Les activités en association sont bien aspectées. D'une manière générale, progrès et chance par le travail.

FINANCE

Brassage d'argent. Opération financière et bancaire intéressante. Gains par des échanges commerciaux, des écrits, des communications. Possibilité de faire fructifier les finances. Héritage possible.

SANTE

Bonne santé et vigueur. Malaises causés par des excès alimentaires et des imprudences. Parties du corps concernées : le foie, la vésicule biliaire.

CINQ

CŒUR

Vie familiale favorisée. Possibilité de trouver une affection, un amour. Mais infidélité par curiosité. Besoin d'autonomie mais en même temps, recherche d'amour toujours.

TRAVAIL
Nouveautés, changements dans les activités. Des soucis dans le travail qui auront des répercussions sur la santé. L'industrie et le commerce, le sport et la communication seront bien aspectés. Des déplacements et des voyages en rapport avec la profession.

FINANCE
Bonnes idées et esprit d'initiative pour trouver de l'argent. Attention à l'instabilité financière. Gains en rapport avec le public. Exploitation des idées d'autrui.

SANTE
Nervosité, agitation. Névralgies, maux de gorge. Les parties du corps concernées sont la bouche, la gorge. Tendances aux œdèmes, à la cellulite.

SIX

CŒUR
Mariage précoce, ou conclu sur un coup de tête. Caprices, fantaisies et infidélités. Besoin de renouvellement. Mais dévouement pour les siens. Union avec un veuf ou une veuve.

TRAVAIL
Les activités se rapportant à l'art, à l'esthétique sont favorisées. Besoin de liberté dans les activités. Succès par des coups de chance. Association de l'amour et de la profession. Les amis, des rencontres fortuites, l'amour ont de l'influence sur le choix d'une activité.

FINANCE
Rentrée d'argent incertaine. Aide de la part de la famille et des relations. Attention à des largesses et des générosités excessives. Spéculation et jeux de hasard favorisés. Mariage qui apportera de la richesse ou de l'aisance.

SANTE
Problèmes aux muqueuses et aux glandes. Eruption cutanée. Crises émotives. Attention à la gourmandise qui risque de donner de l'embonpoint. Les parties du corps concernées sont les veines, les artères, le foie, les reins. Attention aux angoisses existentielles.

SEPT

CŒUR
Petites difficultés dans la vie affective : illusion, incertitude. Séduction améliorée. Mariage avantageux mais lassant. Conditions instables du foyer. En revanche, tout ce qui est l'amitié et la sympathie est valorisé.

TRAVAIL
Difficultés à se plier à une discipline. Mais de la diplomatie et même du flair dans les affaires. Succès pour les professions de spectacles, littéraires, commerciales, politiques. Une association, une relation amoureuse permettra des succès.

FINANCE
Situation financière avec des hauts et des bas. Générosité et confusion entre recettes et dépenses. Appui financier venant de l'extérieur, de la famille, des amis.

SANTE
Petits problèmes psychologiques par excès d'émotivité et d'affectivité. Attention aux poumons, aux bronches. Se méfier des médicaments, du tabac, de l'alcool. Organisme s'épuisant facilement. Parties du corps concernées : les articulations, les veines, les artères. Risque d'insomnies.

HUIT

CŒUR
Mariage ou rencontre amoureuse retardée. Différence d'âge entre les partenaires. Relations difficiles avec l'entourage. Tendance à rester célibataire. En revanche, grand dévouement et générosité dans la vie conjugale lorsqu'elle est harmonieuse.

TRAVAIL
Durcissement des conditions de travail. Effort à faire, fatigue, irritabilité. Peu de libre arbitre. Travaux minutieux et de longue haleine à prévoir. Réussite pour les activités d'administration, de commerce, d'agriculture.

FINANCE
Retards dans les rentrées d'argent. Aisance malgré tout par le travail et les efforts. Possibilité de placements intéressants (immobilier). Attention à ne pas prêter d'argent. Pos-

sibilité d'héritage. Profession valorisée : tout ce qui touche à l'ancien, au passé, aux souvenirs.

SANTE
Attention aux accidents. Danger de blessures à la tête. A surveiller : l'émotivité, la sensibilité, le psychisme.

NEUF

CŒUR
Rencontre passionnelle. Instinct puissant. Recherche de relations sans complication. Dynamisme amoureux. Succès, séduction mais aussi courage et audace.

TRAVAIL
Grande capacité de travail. Force vitale et ardeur, succès par les efforts. Entreprise audacieuse. Les domaines privilégiés sont les carrières militaires, la grande industrie, le sport. Possibilité de s'imposer. Volonté pour vaincre les obstacles.

FINANCE
Spéculation avantagée. Faculté de « remonter la pente ». Ingéniosité pour se procurer de l'argent. Peut se lancer dans de vastes entreprises.

SANTE
Inflammation gorge-nez-oreille. Risque d'accidents. Mais grande force vitale. Parties du corps concernées : le cœur, les muscles. Risque d'hypertension artérielle.

UN EXEMPLE

Marie Dubois née le 1er février 1965

1/ NOMBRE PERSONNEL

1/1 Nom et prénom

La transformation des lettres en chiffres est fournie par le tableau des correspondances.

M A R I E D U B O I S
4 + 1 + 9 + 9 + 5 + 4 + 3 + 2 + 6 + 9 + 1
TOTAL : 53 Après réduction : 5 + 3 = 8

1/2 Date de naissance :

1/02/1965 = 1 + 0 + 2 + 1 + 9 + 6 + 5
TOTAL : 24 Après Réduction : 2 + 4 = 6

Le nombre personnel est :
8 (nom, prénom) + 6 (date de naissance) = 14
Après réduction : 1 + 4 = 5

2/ NOMBRE DU JOUR

Soit une consultation le 10 mars 1994
1 + 0 + 3 + 1 + 9 + 9 + 4 = 27
Après réduction : 2 + 7 = 9

3/ LE CHIFFRE ALEATOIRE

Soit le chiffre aléatoire 8

4/ TOTAL

5 (nombre personnel) + 9 (nombre du jour) + 8 (nombre aléatoire) = 22
Après réduction : 2 + 2 = 4

5/ INTERPRETATION

Prendre connaissance du message quatre dans le tableau des Significations.

1/5 ASTRAGALOMANCIE

•

DIVINATION PAR LES OSSELETS, LES DES

•

« POUR AVOIR LA MOELLE (LE MESSAGE DIVINATOIRE), IL FAUT BRISER L'OS (JETER L'ASTRAGALE). »

(DICTON DE FRANCE)

Un astragale est un os du pied qui a la particularité de ressembler à un cube allongé ayant quatre faces – et non six comme un cube régulier.

Des petits os provenant des vertèbres et des carpes des moutons – appelés osselets – ont une identique forme très proche de la forme des dés.

Voilà pourquoi les anciens, au moins 2 000 ans avant J.-C., utilisèrent ces petits os pour leurs divinations.

Quatre facettes bien limitées permettent d'inscrire une lettre, un chiffre, un signe, et leur poids léger, leur dimension réduite facilitent leur tenue dans la main et leur lancé.

Les dés, qui remplacent les osselets, peuvent être en ivoire, en bois, en pierre, en plastique...

On trouve des dés à six, à huit, dix, quatorze faces.

Les Romains utilisaient des plaquettes à deux faces sur lesquelles était inscrit « chance, malchance ». Un peu à la manière de nos bonus et malus !

Les Chinois se servaient de dés fabriqués dans des baguettes allongées.

« A VOS DES, PRET, JETEZ... »

1/ LE CHOIX DES DES

1/1 Pour obtenir un message par les NOMBRES qui renvoie à une Table de références, il faut choisir trois dés sur les faces desquels se trouvent des chiffres ou des points (dés classiques).

1/2 Pour obtenir un message par les LETTRES, choisir six dés sur les facettes desquels sont écrites les lettres de l'alphabet.

La série des quatre dés peut faire l'objet d'une fabrication personnelle à défaut de la trouver dans le commerce.

Les lettres à inscrire doivent être sélectionnées en fonction de la langue. Par exemple, en français, les lettres X, Y et Z peuvent être associées compte tenu de leur peu de fréquence. Ce qui n'est pas le cas en polonais ou l'on trouve beaucoup de mots avec des X et des Z.

Pour éviter d'utiliser six dés, ce qui est encombrant, l'opération mantique peut être effectuée avec des dés de huit, dix, douze ou quatorze faces.

2/ LE LANCEMENT DES DES

Le lancement des dés se fait dans un espace délimité.

Un plateau, à l'intérieur d'un cercle tracé sur une feuille ou sur le sol.

Si un (ou des dés) tombe hors du cercle, il faut recommencer le jeté. Il faut en effet que les quatre dés parlent.

Si au troisième jeté, tous les dés ne sont pas à l'intérieur du cercle, il faut remettre le tirage à plus tard.

3/ LA LECTURE DES DES

3/1 DES AVEC DES CHIFFRES

L'addition des chiffres inscrits sur les faces apparentes et horizontales des dés donne un total.

Celui-ci renvoie à la Table d'Interprétation.

3/2 DES AVEC DES LETTRES

Les lettres qui parlent forment un mot, un début de mot, une sonorité, des initiales...

Toutes les compositions ainsi formées par la sortie des lettres sont à interpréter en fonction de la question posée et de la préoccupation du moment.

Cette pratique divinatoire par des lettres inscrites sur des dés demande une intuition développée, une bonne culture sur le plan du vocabulaire et une finesse d'esprit pour jouer avec les mots et les assemblages de sonorités.

Une grande pratique des symboles est enfin indispensable.

TABLEAU DES INTERPRETATIONS PAR LES DES

A l'instant où trois dés sont utilisés, le premier total ne peut être inférieur à trois.

Si le total des dés est... Messages divinatoires

TROIS	Plénitude, enrichissement, créativité, prospérité matérielle et bien-être général.
QUATRE	Avertissement contre des signes de faiblesse, d'agressivité, de mésentente. Influences dominatrices de certaines personnes.
CINQ	Des nouvelles connaissances, des nouveaux amis. Acquisition d'un savoir, d'une compétence permettant la réalisation des projets. Attention à des mensonges et à des illusions.
SIX	Risques de conflits sur le plan affectif. Attention à des mauvais choix dans les relations. Difficultés financières et sexuelles.
SEPT	Des voyages. Des obstacles seront à surmonter dans tous les domaines. Risques d'impatience, de maladresses. Perte par irréflexion sur le plan finance et professionnel.
HUIT	Rencontre de personnes de bons conseils. Fin d'un procès. Recherche d'équilibre, de bon sens, de paix. Attention malgré tout à des injustices.
NEUF	Installation dans une vie solitaire mais confortable. Bonheur dans les associations, le mariage. Amplification de la vie intérieure.

DIX	Un changement se précise dans le style de vie. Elévation, progression, plénitude. Possibilité de naissance.
ONZE	Il faudra faire face à des échecs, à des conflits, à des difficultés. Mais les ressources physiques, psychologiques et morales sont suffisantes. Risques de fatigue.
DOUZE	Difficultés à faire acte de décisions. Risques d'irréalités, d'illusions et d'obstinations maladroites. Le conseil est de prendre conseil !
TREIZE	Des souffrances, des deuils, des conflits sont nécessaires pour atteindre une nouvelle vérité. Les échecs seront surmontés et apporteront de la philosophie.
QUATORZE	Des amis, des conseils des membres de la famille auront un rôle bienfaisant. Conseil de prudence, de patience, de modération. Il faut attendre que « le temps passe... ».
QUINZE	Avertissements contre des dangers sournois. Attention à des injustices, malhonnêtetés et médisances. Conseil de surveiller ses pulsions.
SEIZE	Conseil de prudence. Des destructions – suivies de reconstructions – sont à prévoir. Mais pour l'instant, que de souffrances...
DIX-SEPT	Messages de lumière, de paix, d'harmonie, de bonheur, de réussite.
DIX-HUIT	Rôle important de l'intuition. Les choses irrationnelles, les hasards, les chances seront favorables.

UN EXEMPLE DE JEU DIVINATOIRE AU MOYEN DE DES AVEC LES LETTRES

Imaginons que le lancement des six dés fasse « parler » les lettres suivantes :

A L O H M T

Les jeux « intellectuels et intuitifs » donnent les associations suivantes :

A L O : Allô, idée de téléphone
L O : Eau, département du Lot, lot de loterie
L A : Note de musique, idée de fatigue et de lassitude (las)
H O M : Homme, père, frère, mari, ami...
T O M : Prénom
M O T : Lettre à faire, à recevoir, mot à dire ou à ne pas dire...

etc.

1/6 BIBLIOMANCIE

•

DIVINATION PAR LES LIVRES

•

« QUI VEUT SE CONNAITRE, QU'IL OUVRE UN LIVRE ».
(JEAN PAULHAN)

La bibliomancie – ou la divination par le livre – est née avec les livres imprimés. Le premier ouvrage ayant servi, et servant toujours, à cette pratique mantique, est la Bible.

En réalité, la bibliomancie est une utilisation profane de livres sacrés.

En effet, en dehors, et au-delà, de toutes utilisations divinatoires, les ouvrages sacrés peuvent servir de livres de réflexion et de sagesse. Tout livre contient, sans le savoir toujours, des prophéties.

Les Grecs, les Romains, les Chinois, les Juifs, entre autres, utilisent des livres sacrés dont le contenu est vénéré.

L'ouverture d'un livre sacré « au hasard » donne à lire, à interpréter et à méditer des phrases qui contiennent en substance des réponses à un problème, à une question posée.

Et la phrase trouvée est censée être une réponse divine à laquelle il faut obéir.

A ce niveau, cette utilisation de livres dits sacrés relève davantage d'un exercice spirituel, philosophique et religieux que d'une mancie.

Nous connaissons quelques livres sacrés :

* Le Sort des Apôtres
  Inspiré par la Bible et notamment du Nouveau Testament et utilisé par les chrétiens;

* Le Sort de Virgile (ou Sort Virgilien, tiré des œuvres du poète latin Virgile).

Il est recommandé, en cas d'inquiétude, de doute, de remise en question personnelle, de consulter un livre que l'on choisit pour son caractère sacré ou tout simplement pour sa sagesse.

Un livre de poèmes, ouvert au hasard, propose, à lire et à approfondir, un ou des vers qui éclairent une situation.

Sachant que « tout poète est un voyant », il est vrai qu'un recueil de poésies contient des messages divinatoires à décrypter. Outre des conseils de sagesse ou de déraison, selon le cas !

Cet art – plus qu'un jeu – divinatoire au moyen de vers, porte le mot de stichiomancie, du grec *stikhos* = vers, et *mantia* = divination, prophétie.

VOTRE DESTIN A LIVRE OUVERT : DES EXEMPLES AVEC LA BIBLE

Voici, inspiré par des PSAUMES, eux-mêmes extraits des livres sapientiaux de la Bible, quelques exemples de divinations par la bibliomancie.

Le livre de références est la Sainte Bible, version établie par les moines de Maredsous et de Hautecombe.

Il y cent cinquante psaumes, ce qui représente cent vingt pages.

Imaginons plusieurs consultations :

1/ PREMIERE CONSULTATION, DEUX QUESTIONS :

« Vais-je réussir dans mes entreprises ? »
« Mon orientation professionnelle, affective est-elle la bonne ? »

1/1 Première ouverture, premier choix, première réponse

Une première ouverture du livre, suivie d'un choix de phrase en posant la pointe d'un stylo ou le doigt, propose les versets suivants :

« ...demande, et je te donnerai pour héritage toutes les nations ; les confins de la terre seront ton domaine.
Tu les mèneras sous un sceptre de fer, tu les briseras comme un vase d'argile... »

Psaume 1 Les Deux Voix

Cette révélation du psaume 1 « Les Deux Voix » confirme clairement que le consultant est protégé des dieux ou de Dieu. Ces choix et orientations sont bons et il doit persévérer. Une réussite lui est promise à condition cependant de faire montre de courage, de fermeté, symbolisés par le sceptre de fer.

1/2 Deuxième ouverture du livre, autre choix de versets, deuxième réponse :

« ... je demeure au milieu de lions
qui dévorent les hommes avec férocité ;
leurs dents sont des lances et des flèches,
leur langue est un glaive acéré... »

Psaume 56 Refuge en Dieu.

Le message prophétique, ou de sagesse, parle de prudence et d'expectative. Le choix professionnel, ou affectif, n'est pas de tout repos puisque les ambiances sont indiquées difficiles (lions, férocité, glaive acéré).

1/3 Troisième ouverture, troisième choix de phrase, troisième réponse :

« ...tu fais couler des sources dans les courants
qui cheminent entre les montagnes.
Là s'abreuvent toutes les bêtes des champs, et les onagres viennent étancher leur soif... »

Psaume 103 Hymne au Créateur

La prophétie est importante sur le plan humain.

Les ambitions professionnelles et les choix affectifs sont inséparables d'une vision collective et humaine.

Le message parle de travaux importants à faire (faire couler des sources) mais aussi de générosité (là s'abreuvent toutes les bêtes des champs).

Le conseil est donc de ne pas persévérer dans des travaux solitaires, de ne pas se montrer égoïste avec ses partenaires, mais bien au contraire de les intégrer, de les aider, de les faire profiter des résultats de leurs efforts.

2/ DEUXIEME CONSULTATION, AUTRE QUESTION :

« Mes ennuis financiers vont-ils se terminer ? »

Voici plusieurs réponses possibles :

2/1 Première ouverture du livre, première réponse :

« ....Seigneur, écoute-moi plaider une juste cause.
Sois attentif à mes cris désolés, prête l'oreille à la prière
jaillie de lèvres sans malice.
Qu'en ta présence soit révélé mon bon droit,
que tes yeux reconnaissent mon intégrité... »

Psaume 16 Appel du juste persécuté

Le message est clair, les ennuis, tracas, voire procédures, qui concernent vos finances se clôtureront à condition que votre « bon droit » soit reconnu.

Pour cela, il vous faut prendre conseil et ne pas hésiter à entamer des procès, prendre un avocat (écoute-moi plaider).

Vos problèmes et tourments du moment ne doivent pas vous tracasser car ils n'entament pas votre intégrité et loyauté (lèvres sans malice, reconnaissant mon intégrité).

2/2 Deuxième ouverture du livre, deuxième choix, deuxième réponse :

« ...je me tais, je n'ouvre plus la bouche,
car c'est toi qui agis.
Détourne de moi ce fléau, car je succombe sous le poids de ta main... »

Psaume 38 Brièveté de la vie

Les versets invitent au silence et à la discrétion (je me tais).

Il semble que les problèmes vécus, par exemple sur le plan financier, sont réellement très lourds et difficiles à régler (car je succombe sous le poids). La prophétie n'est donc pas très favorable à une fin des difficultés financières. Il est plutôt suggéré la patience et une analyse du pourquoi et du comment des problèmes en question.

2/3 Troisième ouverture, troisième choix, troisième réponse :

« ...tu es redoutable,
qui pourra résister devant la véhémence de ta colère.
Du haut du ciel, tu as proclamé ta sentence,
et la terre se taît d'épouvante.
Lorsque Dieu se lève pour prononcer le jugement,
pour sauver tous les pauvres de la Terre... »

Psaume 75 Après une délivrance inespérée

Le message divinatoire est double.

Le consultant est informé que des jugements seront rendus, ou qu'ils ont été rendus, et qu'ils sont sans appel (véhémence de ta colère, sentence). Sont donc à craindre des poursuites sévères, des voies d'exécution, toutes formes de contentieux (épouvante).

Mais le deuxième message est plus compatissant et indulgent. Il est dit en effet que si vous vous retrouvez démuni (pauvres) vous bénéficierez de clémence.

Disons de circonstances atténuantes...

1/7 CAFEDOMANCIE/ENCROMANCIE

•

DIVINATION PAR LE CAFE, PAR L'ENCRE

•

ENCRE SYMPATHIQUE, CAFE SYMPATHIQUE !
ou Comment lire les taches d'encre et le marc de café ?

L'inventeur de la divination par le marc de café – ou cafédomancie – fut certainement un peintre ou un dessinateur passionné par les symboles, les associations de figures et de mots, les rêves, le surréalisme, l'inconscient...

En effet, cette divination consiste à interpréter les figures laissées par une substance. Il peut s'agir de marc de café ou de thé, d'huile, de plomb, de cire, de lie de vin, mais surtout d'encre.

Il existe en psychologie pratique une méthode dite test de Rorschach. Hermann RORSCHACH était un psychiatre et psychologue suisse, passionné par la peinture et la psychologie.

En 1918, il mit au point un test projectif composé de dix planches (six noires et quatre colorées) représentant des taches symétriques.

Pour ce faire, il fit des taches d'encre sur des feuilles de papier qu'il plia en deux.

Et le test consistait à demander aux patients ce que les taches d'encre, ou du moins les figures faites par les taches d'encre, leur inspiraient.

Il y a une étroite similitude entre les outils de travail et le cérémonial de ce test psychologique et les divinations par le marc de café et par l'encre.

La différence déclarée réside dans la finalité. Le test de l'encre est destiné à étudier la personnalité et à obtenir des renseignements sur les tendances, les énergies et les éventuels troubles de santé physique et psychologique.

Le test du marc de café permet d'obtenir des réponses divinatoires à des interrogations ponctuelles.

Il est évident que les taches d'encre peuvent servir à des diagnostics divinatoires, indépendamment de leur intérêt caractérologique et psychanalytique.

L'idée de la divination par un marc, c'est-à-dire les résidus d'un produit, est certainement chinoise.

Le fond des tasses de thé recèle des marcs qui ont parfois des figures étranges. Plus la tasse est large, plus les parois sont lisses et blanches et plus les petits débris de feuilles de thé peuvent se disposer d'une manière parlante pour les observateurs doués d'intuition.

DANS LE LABORATOIRE DE L'ALCHIMISTE

Au Moyen Age, les alchimistes, tout à leur tentative de transmuer les métaux en or, trempait du plomb et de l'étain en fusion dans de l'eau froide. Ils ne trouvaient pas d'or mais découvraient d'étranges figures qui les inspiraient pour rendre des oracles.

Cette technique divinatoire à base de plomb fondu est appelée molybtodomancie (du grec, molyb = huile).

En Turquie, vers le XVIe siècle, puis en Europe au XVIIe siècle et surtout au XVIIIe siècle, lorsque la cire fut employée couramment pour cacheter les correspondances et les plis officiels, se répandit la divination par la cire, la chéromancie ou la céromancie.

LES CIERGES DES SAINTS GUERISSEURS

La cire ne sert pas qu'à faire des révélations prophétiques, elle est utilisée, sous forme de chandelle et de cierge, pour choisir le saint – ou la sainte – qui guérira plus vite et mieux que les autres un malade.

Voici comment procéder.

Imaginons que votre enfant souffre de coliques. Pour conforter les remèdes que lui donne votre médecin de famille – car il ne faut pas l'oublier – le conseil est de vous rendre dans une église. Choisissez celle qui contient le plus grand nombre de statues de saints et de saintes.

Achetez un lot de cierges et allumez-les devant les statues sans perdre de temps. L'idéal étant de les grouper et de les allumer tous en même temps.

Pourquoi ?

Parce qu'un seul saint – ou sainte – celui ou celle qui guérira la colique de l'enfant, est désigné par le cierge qui s'éteint le premier.

LA CUISINE DES ANGES...

Le cérémonial pour obtenir des messages divinatoires par le marc de café est digne d'une recette de cuisine des anges – ou des diables !

1/ Prendre du marc de café bien égoutté.

2/ Disposer ce marc dans une assiette plate.

3/ Agiter l'assiette jusqu'à ce que toute sa surface soit recouverte.

4/ Observer les figures laissées par le marc.

5/ Interpréter les figures à l'aide du tableau des interprétations ci-dessous.

L'ECRITURE DES GRIBOUILLES

Le cérémonial pour obtenir des messages divinatoires par l'encre est digne des cancres et des gribouilles qui s'amusent à faire de grosses taches d'encre sur leur cahier !

1/ Faire une grosse tache d'encre sur une feuille de papier. Pour ce faire utiliser un stylo à plume et appuyer sur la cartouche.

2/ Plier la feuille de papier en deux afin d'obtenir des symétriques.

3/ Laisser sécher.

4/ Interpréter les dessins à l'aide du tableau des interprétations.

UN EXEMPLE

Voici le « dessin » fait par une tache d'encre sur une feuille de papier pliée en deux.

Avec un don d'observation, de l'observation et de l'inspiration, voici quelques images :

1. Epée
2. Chapeau
3. Mains, gant, des lapins, petits chiens
4. Personnages les deux mains en l'air
5. Une chaise à porteurs

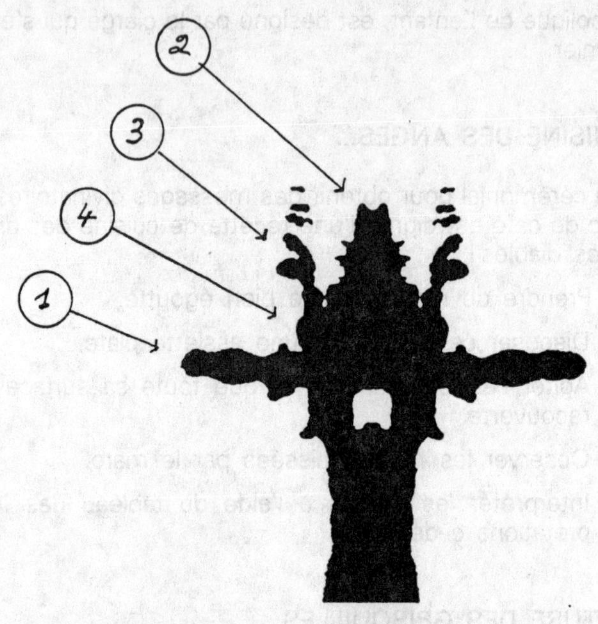

TABLEAU DES INTERPRETATIONS DES FIGURES DU MARC DE CAFE

Figures	Messages divinatoires
Abbé, prêtre, moine, religieuse, nonne	Problèmes de santé. Trahison amoureuse. Conseil de garder secret ses ambitions. Médisances.
Abeille	Ardeur au travail. Amélioration de la situation financière. Vie de couple harmonieuse.
Accordéon	Rencontre sentimentale heureuse.
Acrobate	Très bonne capacité d'adaptation et de création. Collaboration intellectuelle et affective.
Aigle	Réussite, élévation, puissance.
Aiguille, épingle	Conflits.
Aile	Souplesse d'esprit, adaptation, élévation. Présage de messages par lettre, téléphone.

Figures	Messages divinatoires
Algèbre (signes algébriques)	Succès dans les entreprises. Problèmes résolus.
Allumette	Conquêtes sentimentales éphémères. « Amour d'un soir ».
Alphabet	Perception juste des choses. Elévation intellectuelle.
Ancre	Sécurité et stabilité. Résistance à la tentation d'être infidèle.
Ange	Compréhension de soi-même et des autres. Bonne nouvelle. Protection.
Animaux (toutes sortes d'animaux)	Force vitale disponible. Instinct fort permettant de surmonter les obstacles.
Anneau	Attachement. Liaison. Dépendance. Bonheur durable.
Antenne (de T.V., de radio)	Découverte de médisances. Bonne intuition qui sera utile.
Arabesque (toutes sortes de dessins)	Equilibre, harmonie. Possibilité de réaliser ses projets. Souplesse d'esprit et de cœur pour arriver à ses fins.
Araignée	Situation tourmentante. Idées obsessionnelles. Amour passionné qui emprisonnera la liberté.
Arbre	Bon épanouissement. Période fructueuse. Indice de bonheur, d'entente, d'amour.
Arc (éventuellement avec flèche)	Possibilité de s'affirmer. Réussite dans les projets à condition de « bien viser ».
Arche (arche d'un pont)	Protection et sécurité. Les dangers seront éliminés.
Argent (pièces de monnaie, billets de banque)	Force disponible. Possibilité de faire face aux épreuves.

Figures	Messages divinatoires
Arme (toutes sortes d'armes)	Force permettant de faire face aux conflits. Combativité et même agressivité qui permettent de « passer à l'action ».
Armoire	Confort, aisance, sécurité. Importance d'une femme.
Aspirateur	Présence inopportune de personnes. Comptes financiers « poussiéreux ». Sentiments amoureux fatigués, inutiles.
Automobile (toutes sortes de véhicules)	Energie physique et psychologique. Bonne orientation de la vie professionnelle et affective.
Avion	Projets audacieux en prévision. Attention à des ambitions démesurées. Orgueil. Mais aussi réussite des espérances à condition de les faire « décoller ».
Bagage (valise, sac)	Voyage, changement, transformation.
Bague (anneau, bijou en général)	Rencontre amoureuse. Mariage. Fidélité mais aussi dépendance.
Baguette	Indice de chance. Conseil de poursuivre les efforts. Protection.
Balai	Conseil de « nettoyer » quelque chose dans sa vie. Il peut s'agir de profession, de personne, d'amour, de pensée...
Balance	Evolution dans l'harmonie et l'équilibre mais aussi conseil de choisir une orientation plus adéquate et de peser le pour et le contre.
Barque (toutes sortes de bateau, navire..)	Capacité de réalisation des projets à condition de trouver une bonne direction. Voyage, déplacement. Mais aussi fin d'un amour.
Bébé (enfant, « baigneur »)	Naissance. Découverte. Début de quelque chose (projet, amour).

Figures	Messages divinatoires
Béquille	Vous aurez besoin d'être aidé. Problèmes de santé.
Bicyclette	Affirmation, bon équilibre. Possibilité de traverser les obstacles. Harmonie intérieure.
Botte	Succès sur le plan du travail et de l'amour. Voyage, déplacement.
Bougie (chandelier, cierge)	Bonne orientation de vie. Sentiments harmonieux. Protection.
Bouteille	Paix, harmonie. Révélations.
Cadenas	Conseil d'être discret, de ne pas divulguer ses idées, ses projets, ses sentiments.
Cage	Jalousie, possessivité. Rupture sentimentale.
Casserole	Importance d'une femme. Conseil de récupérer ses forces et ses énergies physiques et psychologiques.
Cercueil	Rupture amoureuse. Changement de vie. Conseil de prudence.
Champignon	Amour malheureux. Sentiments utopiques.
Chapeau	Contact, communication, échange avec l'extérieur. Valorisation personnelle.
Chaussures	Présage de richesse, de satisfaction et de gloire.
Ciseaux	Rupture, détachement. Conseil de couper un lien, un attachement, de rompre des habitudes.
Clef	Découverte. Conseil de prendre connaissance, de se cultiver.
Cloche	Message, annonce d'un événement qui touche la vie publique.

Figures	Messages divinatoires
Cœur	Amour, générosité, bonté, amitié.
Compas	Perfection, bonne connaissance des choses de la vie. Intérêt pour les sciences, le calcul, la géométrie.
Coque	Fierté, vanité. Conseil de surveiller ce qui se passe autour de soi.
Couteau	Attention à des paroles blessantes. Mais aussi symboles de noblesse et de dignité. Force et énergie pour abattre les obstacles.
Crâne	Conseil de plonger dans ses souvenirs mais aussi indice de traumatisme. Besoin de structurer ses énergies et de trouver des idées solides.
Croissant	Nouveau dynamisme.
Croix	Lutte, épreuve. Esprit de sacrifice mais également pouvoir et protection.
Dé à coudre	Prudence, circonspection.
Dent	Combativité, confiance en soi, magnétisme sexuel.
Doigt	Volonté. Mais aussi indice d'orientation, de conseil pour une « voie » à suivre.
Drapeau	Affirmation de soi, fierté, réussite en amour, dans la profession et en amitié.
Echelle	Amélioration de vie. Défi à relever.
Eglise	Recueillement, passage d'un état à un autre. Mais aussi guérison d'une maladie. Conseil de redéfinir son existence, ses travaux, ses amours.
Epée	Puissance. Mais aussi agressivité. Victoire sur l'adversité.
Epi	Promesse de réussite. Abondance et prospérité.

Figures	Messages divinatoires
Epine	Adversité, incompréhension. Inquiétude, souci et souffrance.
Eponge	Possibilité de dépasser des moments difficiles, des malentendus seront effacés.
Equerre	Intelligence logique. Désirs qui se concrétiseront.
Escalier	Effort à faire pour changer de niveau et améliorer sa situation.
Escargot	Patience et longueur de temps. Mais aussi méditation, attente, passivité. Protection et réalisation des projets y compris les plus cachés.
Faucille	Prospérité. Mais aussi projets qui seront « fauchés ». Idée de cycle et de recommencement.
Fauteuil	Fatigue, fenêtre, découverte, confiance en soi, vitalité et dynamisme. Rencontre et communication sur le plan de la confiance.
Feuille d'arbre	Vitalité. Eveil nouveau.
Fleur	Idée de beauté mais aussi d'éphémère, de passif. Indice d'amour, de joie, d'amitié.
Fourche	Piège à éviter. Indécision, confusion.
Gant	Bonne relation. Mais aussi provocation. Risque de désillusions.
Hache	Risque de destruction de ce qui est. Mais aussi poursuite d'un idéal élevé.
Harpe	Perfection, délicatesse. Raffinement dans les sentiments et les idées.
Hélice	Envol de l'esprit et du cœur. Attention à des aventures et à des projets impossibles.
Lampe	Présence amicale. Besoin de protection. Solitude voulue mais aussi rupture sentimentale.

Figures	Messages divinatoires
Lettre de l'alphabet	Message, indice de possession de « pouvoirs magiques ».
Lit	Stabilité. Mais aussi indice de fatigue et de malaise psychique.
Livre	Inspiration, révélation.
Lunette	Difficulté à résoudre un problème.
Main	Créativité, affirmation, chance à saisir. Protection, bonne orientation.
Maison	Déménagement, mutation, transformation.
Marteau	Volonté mais aussi agressivité.
Masque	Circonspection. Des manœuvres cachées sont à découvrir. Dissimulation de ses sentiments et de ses idées.
Miroir	Vérité à découvrir. Mais aussi idées confuses et sentiments compliqués.
Moulin	Union heureuse, association lucrative.
Nid	Bonheur. De nombreux projets professionnels ou amoureux qui se réaliseront.
Œil	Introspection nécessaire. Besoin de voir clair, de faire attention, de découvrir des choses.
Œuf	Naissance. Des projets, des amours vont naître.
Parapluie	Refus de s'affirmer. Renoncement. Complexe d'infériorité.
Peigne	Possibilité de dénouer des affaires compliquées.
Piano	Espoir amoureux.
Pied	Vitalité, possibilité d'avancer.

Figures	Messages divinatoires
Pipe	Convivialité et communication. Mais aussi message d'origine occulte.
Plume	Justice. Communication, échange, lettres à recevoir ou à envoyer.
Poisson	Protection, vitalité, prospérité, sagesse.
Pont	Protection. Accession à un état d'avancement. Progression.
Pyramide	Succès. Accession à un nouvel état intérieur.
Roue	Recommencement. Espoir des réalisations, mais après un certain temps.
Serpent	Importance de la vie inconsciente. Présence d'énergie « démoniaque ». Mais aussi guérison.
Soleil	Réussite, satisfaction, dynamisme. Satisfactions en tous genres.
Tonneau	Richesse, satisfaction sexuelle.
Tortue	Stabilité, longévité.
Triangle	Perfection, sagesse. Harmonie individuelle.
Trompette	Liberté, récompense, célébration de résultat.

1/8 CATOPTROMANCIE

•

DIVINATION PAR LE MIROIR, PAR LA BOULE DE CRISTAL

•

LES MIROIRS NE MENTENT PAS...

Le mot miroir – *katptron* en grec et *speculum* en latin – est un terme d'astronomie. En effet, l'observation du ciel, des mouvements du soleil, de la lune et des étoiles se fait à l'aide de miroirs.

Et les observations réalisées sont autant de « spéculations » – ce mot créé à partir de *speculum* – sur ce qui se passe en haut (le ciel) et sur les influences que les choses célestes et cosmiques peuvent avoir sur ce qui se trouve en bas (la terre).

Un miroir révèle toute la vérité. Il ne peut en être autrement, à moins qu'il ne soit déformant ou magique !

Se regarder dans un miroir – et qu'importe le support, il peut s'agir d'une glace, d'une surface lisse, d'une eau limpide et dormante – présuppose le désir et l'action de se voir – et de se découvrir – tel que l'on est réellement. Et cela au-delà de toute intention narcissique.

Les rêves de miroirs sont à ce sujet très significatifs puisqu'ils conseillent de faire une analyse précise et sans fard de soi, de sa vie, de ses sentiments.

De tels rêves indiquent que des traits cachés de la personnalité – ou de celle de quelqu'un d'autre – sont à découvrir et que l'inconscient a des révélations à faire pour l'évolution, l'épanouissement et l'authentification.

LA BOULE DE CRISTAL : LE MONDE EN REDUCTION

La boule de cristal est l'outil de travail des devins qui pratiquent la catoptromancie – ou divination par les miroirs – dans la mesure où elle permet de « lire l'avenir » et d'obtenir des messages de l'au-delà, du haut-delà et du de-dans (l'âme et l'inconscient) cette mancie est remarquable par l'association de trois symboles : le miroir, le cristal, la sphère.

* Le miroir, nous l'avons vu, révèle en reflétant.

Que reflète-t-il ? La réalité de qui s'y mire, mais surtout le miroir fait apparaître des jeux de lumière qui dessinent des figures.

Ce sont elles qui font l'objet d'interprétations.

* Le cristal, né de la terre, est de la famille des diamants. Il a la propriété d'être transparent bien que matière rocheuse et il est clair comme de l'eau, si bien que l'on peut voir à travers.

Le cristal est par là même visible et invisible ! Cette capacité fait de lui le symbole de la divination, de la sagesse et des pouvoirs mystérieux.

* La sphère est un cercle en trois dimensions. Ce volume symbolise le globe de l'univers, terre comprise.

SPHERES ET MIROIRS MAGIQUES...

La divination par les miroirs et les sphères – ce dernier mot est plus respectueux que boule ! – est une méthode apparemment facile.

Quoi de plus aisé en effet que de plonger son regard dans les profondeurs d'un miroir, d'une sphère, d'une surface polie comme peuvent l'être celle de l'eau pure d'un bassin ou celle d'un verre cristallin.

Or, la catoptromancie exige des qualités et des dons particuliers.

Quels sont-ils ?

* De la patience et de la persévérance.
* Une très grande réceptivité intellectuelle et psychologique.
* Un sens humain développé.
* Un grand pouvoir de concentration et d'abstraction.
* La possibilité de détourner son esprit de considération extérieure pour ne suivre que des observations et des cheminements intellectuels intérieurs.
* Une connaissance importante des symboles.
* Une imagination dé-mesurée.

  Cet adjectif définissant la propriété de se représenter

des choses, des idées, des personnages hors limite et hors mesure.

* Une capacité de rêve-éveillé.
  C'est-à-dire de vivre comme réels des événements purement imaginaires et figurés.
* Un don de révélation.
  C'est-à-dire l'art et le secret de connaître des vérités qui ne peuvent être découvertes que par des initiés. Et cela par une connaissance « inspirée » des choses cosmiques.

ECRIRE SUR L'EAU

Arrêtons-nous quelques instants sur la divination par l'eau. Cette méthode porte le nom d'hydromancie.

La divination par le miroir et le cristal prend sa source – c'est le cas de l'écrire – dans la plus ancienne, la plus simple et la plus naturelle des mancies : la contemplation de l'eau.

Avant le miroir et la boule de cristal, existait l'eau cristalline des fontaines, des sources et des lacs.

La méthode de l'hydromancie est très proche de l'hydroscopie qui est l'art de découvrir les sources et les nappes d'eau au moyen d'un pendule ou d'une baguette de coudrier.

Ce que savent faire les sourciers et radiesthésistes.

Dès l'Antiquité, des sourciers avaient pour mission de découvrir les points d'eau afin que puissent s'implanter les villes, les camps militaires, les temples.

Cette pratique relève de la SOURCELLERIE, c'est-à-dire l'art de trouver les sources. Avec l'usage du pendule et l'apparition du statut de radiesthésiste – ce mot signifie ressentir les rayons –, la sourcellerie a disparu pour être remplacée par la radiesthésie. Quant à la sourcellerie, elle s'est muée en sorcellerie !

UNE CONSULTATION : FACE A VOTRE MIROIR MAGIQUE, A VOTRE BOULE DE CRISTAL

Vous voici donc face à vous-même devant votre miroir magique ou les yeux dans les yeux de votre boule de cristal.

Quel est le rituel pour les faire parler ? Qu'allez-vous y voir ?

Une consultation par la cristallomancie (boule de cristal), la catoptromancie (les miroirs), l'hydromancie (l'eau) exige un cérémonial très précis et précieux.

Voici mes conseils :

1/ Choisissez un miroir parfait, sans marque, ni tâche, ni reflet.
Choisissez une sphère d'environ 10 ou 15 centimètres de diamètre en verre, en cristal, en quartz. Il est impératif qu'elle soit parfaite, sans marque, sans tâche et sans bulle.

2/ Protégez-les par un manteau de velours noir quand vous ne les utilisez pas.

3/ Nettoyez-les à l'eau pure.
N'utilisez pas de produit spécial vitre qui pourrait laisser des traces. Servez-vous d'une peau de chamois pour les sécher, les polir, les caresser.

4/ Installez-les dans un endroit ni trop chaud ni trop froid, à l'abri du vent et de la poussière.
Faites en sorte qu'il reçoive la nuit la lumière de la lune mais évitez, le jour, celle du soleil.

5/ Votre miroir et votre sphère sont strictement personnels. Personne ne doit ni les toucher ni les utiliser.

6/ Le miroir et la sphère doivent être déposés sur une table, un guéridon, recouverts d'une nappe sombre.

7/ Pendant une consultation, vous devez être seul avec votre miroir ou avec votre sphère. Et éventuellement avec la personne pour qui vous faites la consultation.

8/ Fermez les yeux pendant une minute environ en vous préparant intellectuellement et psychologiquement à recevoir des communications visuelles.

9/ Ouvrez les yeux et regardez « à l'intérieur » du miroir ou de la boule.

10/ Patientez jusqu'à ce que des figures apparaissent.
Il pourra s'agir de dessins nets, de nuages flous, de formes insolites, de points, de pastilles de couleur, de cercles, de traits... Parfois même de visages, de noms, de lettres, de chiffres.

11/ Interprétez les figures.
Comme il s'agit de voyance et non de lecture de messages, de calculs et de renvois à des tableaux d'interprétations, l'interprétation des figures est affaire de don.
Chaque devin réalisera une voyance qui lui est personnelle avec des mots, des symboles, des suggestions qui lui sont propres.

1/9 GRAMMATICOMANCIE

●

DIVINATION PAR LES LETTRES

●

Le terme grammaticomancie qui définit la divination par les lettres de l'alphabet – « gramatike » signifie en grec « art de lire et d'écrire les lettres » – englobe plusieurs techniques.

ALECTRYONOMANCIE

Il s'agit d'une méthode de divination grecque qui se pratiquait à l'aide d'un coq et de grains de blé. Coq se dit en grec *alectruon.*

Voici le cérémonial :

* Vous tracez sur le sol un grand cercle de deux mètres environ de diamètre.

* Vous écrivez sur le pourtour du cercle les lettres de l'alphabet.

* Vous disposez en dessous de chaque lettre un grain de blé, de millet, une céréale.

* Vous lâchez dans cette sorte d'arène un coq consacré selon un rituel et des prières appropriées.

* Vous notez les lettres qui se trouvent en références des graines que le coq picore. Vous notez les lettres dans l'ordre où les graines sont mangées.

* Vous composez un mot avec les lettres ainsi sélectionnées.

* Le mot doit répondre à la question posée.

LA GYROMANCIE

Le mot gyromancie définit une divination qui se pratiquait en Grèce en marchant en rond. *Gyros* signifie en grec cercle, rond.

Voici le cérémonial :

* Vous tracez sur le sol un cercle de trois mètres de diamètre environ.

* Vous disposez les lettres de l'alphabet sur le pourtour du cercle.

* Vous vous installez au centre du cercle et vous vous mettez à tourner sur vous-même de plus en plus vite, à la manière d'un derviche tourneur jusqu'au moment où vous perdez l'équilibre.

* Votre chute désigne une lettre. En recommençant plusieurs fois, vous composez un mot qui doit en principe répondre à la question posée.

LA TECHNIQUE DU OUI-JA

Les divinations par la technique du OUI-JA peut se faire au moyen de deux instruments : le verre qui parle ou le crayon qui écrit tout seul.

LE VERRE QUI PARLE....

Voici le cérémonial

* Dessinez les lettres de l'alphabet sur une planche d'environ un mètre carré. Ajoutez les chiffres de un à dix et les deux mots « oui » et « non ».

* Prenez un verre à pied que vous placez en bas de la planche.

* Posez votre doigt sur le bord du verre.
Comme plusieurs personnes peuvent participer à cette mancie, chacune d'elle appuie légèrement sur le rebord du verre du bout du doigt.

* Suivez le verre lorsqu'il se déplace sur la planche de travail.

* Notez les lettres choisies par le verre quand il s'arrête.

* Les lettres révélées donnent des mots qui doivent en principe répondre à la question posée.
Le verre peut être remplacé par une planchette triangulaire

montée sur roulette ou tout simplement très glissante. La pointe du triangle désigne les lettres qui parlent.

LE CRAYON QUI ECRIT TOUT SEUL...

Voici le cérémonial :

* Installez une grande feuille de papier blanc sur une table. Construisez une tablette de forme triangulaire montée sur roulette ou tout simplement très glissante. Cette tablette est percée d'un trou par lequel passe un crayon.

* Les doigts sont appuyés sur le morceau de bois qui se déplace.

* Le crayon écrit sur la feuille blanche des signes qu'il faut interpréter.

RECOMMANDATIONS POUR L'UTILISATION DU OUI-JA

* Avoir l'esprit parfaitement disponible.

* Détendre le corps s'il est tendu et nerveux, et l'esprit s'il est stressé, par quelques minutes de respiration relaxante.

* Accepter l'idée que cette technique permet au subconscient et à l'inconscient de transmettre des messages.

* Croire « qu'il peut se passer quelque chose ».

1/10 MORPHOMANCIE

•

DIVINATION PAR LES FORMES DU VISAGE ET DU CORPS

•

NOUS SOMMES TOUS DES MORPHOPSYCHOLOGUES

Nous naissons avec un charpente osseuse, une texture de peau, des formes (mains, visages, membres) héréditaires.

Or, ces données de naissance subissent des influences de l'extérieur et de l'intérieur. Car il est évident que des forces agissent sur la croissance et le développement de l'ensemble du corps.

L'observation du corps et du visage et les interprétations qui en découlent mettent en œuvre deux mécanismes de pensée :

* Le premier mécanisme est à base d'**irrationnalité**.
L'intuition fait « ressentir » des impressions qui ne reposent sur aucun raisonnement logique ni sur aucune analyse objective.
Nous sommes là dans le domaine de la divination pure. Et il est possible non seulement d'appréhender le réel de la personne, de « faire son portrait », de deviner son caractère... mais aussi de prévoir son futur, de révéler des faits et gestes, des événements passés ou à venir.

* Le second mécanisme est **rationnel**.
Il est bâti sur l'expérimentation, la connaissance de classifications.
Il s'agit alors de la science du corps et du visage qui a donné ses lettres de noblesse à la physiognomonie. On peut dire que la chimie est la fille de l'alchimie comme la morphopsychologie est la fille de la physiognomonie.

AVANT L'ECRITURE ET LA PAROLE

Avant l'écriture et la parole, les communications et les expressions des humeurs et des émotions se faisaient par gestes et postures, et par des expressions faciales.

Ainsi le sourire a toujours été un signe de joie et de détente tandis que les grincements de dents marquent la colère, la rage et l'exaspération.

L'être humain parle avec des signes non verbaux qui modèlent son corps et son visage.

Il suffit de se regarder dans une glace et de se livrer à des jeux de mime pour constater que nous pouvons « imiter » des émotions et des sentiments uniquement par l'observation.

Les interférences entre les phénomènes physiques et psychiques sont indissociables. Les états émotifs et affectifs marquent le corps dans sa chair et dans ses attitudes, démarches et postures.

Nous faisons tous de la morphomancie et de la physiognomancie lorsque nous prenons plaisir à observer le monde qui nous entoure.

Qui, installé à la table d'un café ou d'un restaurant, n'a pas fait de la morphopsychologie en observant la manière de parler d'un voisin de table ou la façon de marcher ou de s'habiller d'un passant ?

Et nos observations et interprétations sont spontanées et notre esprit critique est souvent sans mépris.

* « Il a une sale tête, il ne doit pas être sympathique... »
* « Avec une démarche comme celle-là, elle doit être prétentieuse... »
* « Voilà un bon gros souriant, il doit être facile à vivre... »
* « Avec des lèvres aussi serrées et un visage aussi sec, voilà une pince-sans-rire qui doit être médisante... »

Pour pratiquer la divination par la morphomancie, il faut posséder :

* Un goût pour l'humain ;
* Un sens pointu de l'observation ;
* De la générosité – et non un esprit critique tourné vers le mépris ;
* Une culture caractérologique ;
Il est utile en effet de connaître les différentes typologies afin d'étayer les intuitions par des références caractérologiques et psychologiques ;
* Une intuition développée qui permet de déchiffrer les messages corporels ;
* Des aptitudes pour comprendre les symboles et pratiquer l'analogie.

TABLEAU DES INTERPRETATIONS DES ATTITUDES, GESTES, POSTURES

Observations	Interprétation
Tête baissée	Soumission, acceptation passive, défaite, impuissance.
Tête relevée en arrière (menton en avant)	Supériorité, regarde les autres de haut, agressivité.
Tête inclinée de côté	Cherche à éveiller l'attention, invitation aux cajoleries, posture séductrice.
Recul du buste	Désengagement, prend ses distances, éloignement.
Tassement du buste	Retour sur soi, découragement, fatigue, déception, sentiment de défaite.
Déploiement du buste	Gonflement, triomphe, affirmation.
Bassin avancé (vers le bord du siège)	Rejet des convenances, négligence.
Bassin collé au dossier	Respect, formalisme, une certaine crainte.
Croisement des jambes	Verrouillage, protection contre la faiblesse, défaillance, défense contre les autres.
Jambes proches du siège	Attitude réservée, timide.
Jambes s'éloignant du siège	Un certain sans-gêne, aisance
Jambes entortillées (autour du siège)	Cherche à se rassurer, à oublier la gêne, crainte de l'inconnu.
Balancement de la jambe croisée	Signe d'impatience, de nervosité.

Observations	Interprétation
Main étendue	Cherche à élargir son auditoire, souci pour un intérêt général.
Poing	Image de la force intense, efficacité, conviction, foi dans la réussite finale.
L'index tendu	Intention d'attaque, d'hostilité très nette, se veut dominateur et menaçant.
Pince pouce-index	Geste de démonstration et de précision pour convaincre.
Main bourse	Recherche intérieure de perfection et d'exactitude.
Main enveloppée	Signe de détermination et recherche de convictions.
Main serrée	Domination, prendre possession de l'autre.
Main tranchoir	Prise de pouvoir, couper court à une confusion, imposer son point de vue.
Main ciseaux	Geste de rupture, échange brisé.
Paumes en l'air	Geste pacifique d'ouverture excluant toute malice.
Paumes vers le sol	Geste de « couverture » pour calmer les esprits, recherche de paix.
Paumes vers l'extérieur	Geste de rejet par excellence.
Paumes vers l'intérieur	Signe de réconfort et de partage, connotation affective.
Paumes face à face	Exprime le désir de rejoindre l'autre, de le toucher.
Mains jointes et croisées	Geste de protection, émis lors d'une sensation de menace. Besoin de sécurité
Se frotter les mains	Geste de barrière, ou geste de satisfaction, de contentement.

TABLEAU DES INTERPRETATIONS DES FORMES DU VISAGE

Observations	Interprétations
Front vertical-droit	Discipliné, logique, réfléchi, prédisposé à la raison pure. Calculateur, contrariant, a des idées toutes faites. Intolérant, irréductible, peu sensible et affectif
Front bombé	Analyste, créatif, efficace, énergique, observateur. Absolutiste, facilité (tombe dans le piège de la...).
Front large	Approfondi, esprit logique, intelligence solide, actif, réaliste, ouvert, prudent, voit loin. A l'excès : Manque de sagesse, superficiel.
Front étroit	Analyste, aptitudes de spécialisation, efficace, fin, précis, pur et juste. Absolu, critique, caustique, circonspect, égoïste, difficile à vivre, intolérant.
Front haut	Artiste, créatif, élégance d'esprit, éloquence, imaginatif, indépendant. A l'excès : Amour-propre chatouilleux, dédaigneux, hautain, méprisant, orgueilleux.
Front bas	Affirmatif, combatif, courageux, concret, efficace, fidèle. Colérique, manque de souplesse, obstiné, susceptible, têtu.
Front fuyant	Affectif, charmant, brillant, créatif, imaginatif, intuitif, séduisant. Emotif, capricieux, impatient, impulsif, inconstant, incertain, indécis, mélancolique.
Œil petit	Absolu, analyste, économe, fin, observateur, perspicace, précautionneux, psychologue. Agressif, faible.

Observations	Interprétation
Œil grand	Ambitieux, altruiste, confiant en lui, conquérant, emphatique, enthousiaste, héroïque. Démesuré, pompeux.
Œil enfoncé, profond	Analyste, intimiste, perspicace, prudent, réfléchi, réservé, silencieux, vie intérieure. Inquiet, intériorisé, intimidant.
Œil rond	Candide, charmant, coquet, enfantin, étonnant, étonné, franc, généreux. Enfantin (trop), malhabile, passif.
Œil saillant	Affectif, alangui, doux, franc, gourmand, jouisseur, ouvert, reposant, spontané. Paresseux, passif.
Œil en amande, de biche	Accommodant, adaptable, aimable, artiste, diplomate, élégant, souple, souriant. Ambigu, imprécis, insaisissable, intrigant, impressionnable, opportuniste, rêveur (trop).
Regard mobile, rapide	Affectif, agile, avide, brillant, combatif, créatif, désinvolte, dynamique, efficace, imaginatif. Découragé (vite), désordonné, fiévreux, impatient, inquiet, instable, opportuniste.
Regard lointain	Attachant, contemplatif, étrange, intuitif, jouisseur, patient, poète, reposant. Inadapté, indéfinissable, indistinct, mélancolique.
Regard direct, ferme	Actif, audacieux, contrôlé, courageux, dynamique, décisif, déterminé, franc, objectif, passionné, solide. Angoissé, colérique, volontaire (trop).
Regard en biais	Original, sensible. Craintif, émotif, hésitant, impatient, impulsif, inquiet.
Nez grand	Audacieux, compréhensif, confiant, généreux, grandes idées, imaginatif, intellectuel, noble, réaliste. Ambitieux (trop), autoritaire, orgueilleux.

Observations	Interprétation
Nez de travers, en biais	Attachant, désinvolte, diplomate, imaginatif, humour (sens de l')... Agressif, angoissé, étrange, fébrile, impatient, maladroit, ombrageux, susceptible.
Nez retroussé	Coquin, espiègle, fantasque, ingénu, sentimental, simple, spontané, tenace, tendre, volontaire. Boudeur, calculateur, égoïste, frivole, maladroit, opportuniste, passif.
Nez court	Charmant, curieux de tout, imaginatif, réservé, sensible, sentimental, scrupuleux. Capricieux, craintif, faible, fragile, impressionnable, impulsif, indécis, inquiet, manque d'assurance.
Nez pointu	Analyste, astucieux, curieux de tout, fin, pénétrant, perspicace, psychologue, sensible. Acerbe, agressif, caustique, critique, insatisfait, ironique, manque de confiance en soi, rusé.
Nez large, plutôt plat	Affectueux, aimable, bon sens, chaleureux, concret, courageux, franc, généreux, sportif. Gauche, malhabile, terre à terre, rude.
Nez aquilin	Attentif, audacieux, courageux, déterminé, énergique, engagé, fidèle, héroïque, passionné. Colérique, dominateur, exigeant, impérieux, orgueilleux, susceptible.
Bouche à grosses lèvres	Agréable, amical, chaud, généreux, gourmand, imaginatif, plaisant, sensuel, rayonnant. Affabulateur, démesuré, exhibitionniste, exubérant.
Bouche boudeuse	Charmeur, enthousiaste, fantaisiste, ingénu, mobile, rapide, sincère, spontané. Agaçant, capricieux, enfantin, entêté, gâté, imprévisible, lunatique, mouvant.

Observations	Interprétation
Bouche serrée, pincée	Attentif, maîtrisé, prudent, pur, sérieux. Aigre, critique, égocentrique, égoïste, froid, inquiet, ironique, rigide, repli sur soi, sec, susceptible.
Bouche à lèvres pendantes	Sérieux. Aigre, morose, amer, problématique, sentiment d'impuissance, sévère, taciturne, triste.
Lèvres entrouvertes	Affectif, charmant, gourmand, spontané, tendre. Imprudent, naïf.
Bouche de travers	Humour, ironie. Agité, bizarre, chagrin, contrariant, ennuyé, fébrile, hésitant, impatient, instable, nerveux, vexant.
Lèvres minces	Courageux, discipliné, logique, moral, raisonné, réfléchi, sens du devoir, sérieux, volontaire. Dogmatique, intransigeant, raide, rigoureux, silencieux (trop).
Bouche petite	Délicat, discret, indulgent, pudique, pur, raffiné, retenu, tolérant. Malheureux, secret, silencieux (trop).
Bouche grande	Affirmatif, ambitieux, confiant en soi, expressif, généreux, optimiste, puissant, valeureux. Dédaigneux, impératif, vaniteux.
Oreille petite	Délicat, prudent, réfléchi, réservé, scrupuleux, séduisant, sens du devoir, sensible. Impatient, inquiet, nerveux, orgueilleux, timide, vulnérable.
Oreille décollée	Actif, expansif, indépendant, original. Critique, double, envahissant, indéterminé, instinctif, nerveux, rebelle.
Oreille haute	Ambitieux, clairvoyant, délicat, fantaisiste, fin, habile, imaginatif, intuitif, perspicace, spirituel. Ambitieux (très), suffisant.

Observations	Interprétation
Oreille grande	Ambitieux, assuré, confiant en soi, conventionnel, efficace, équilibré, optimiste, respectueux. Autoritaire, exigeant.
Oreille basse	Concret, conformiste, direct, fidèle, franc, raisonneur, réaliste, solide, spontané.
Menton carré	Absolu, affirmatif, autoritaire, énergique, entier, fier, franc, ferme, généreux, intègre, loyal, réaliste. Brutal, égoïste, intransigeant.
Menton petit	Artiste, analyste, concentré, délicat, discret, modeste, observateur, philosophe, prudent. Découragé (vite), fragile, manque de confiance en soi, mélancolique, timide.
Menton pointu, anguleux, en triangle	Attentif, curieux de tout, intelligent, malin, perspicace, réceptif, vibrant, volontaire. Capricieux, impressionnable, imprévu, instinctif, moqueur, nerveux.
Menton large, saillant, fort	Ambitieux, autoritaire, énergique, franc, tenace, volontaire (réussite). Ambitieux (trop), autoritaire (trop), agressif, dominateur, intolérant, orgueilleux.
Menton fuyant, rentrant	Maîtrise de soi, sensible. Agressif, dissimulateur, fuyant, inquiet, insatisfait de lui-même, indécis, méfiant, nerveux.
Menton rond	Accommodant, adroit, affectueux, flexible, indépendant, romantique, sociable. Ambigu, autoritaire, capricieux, inquiet, mélancolique, pessimiste, passif.
Menton en galoche	Affirmatif, courageux, persévérant. Excessif, obstiné, opposé, opportuniste, opiniâtre, orgueilleux, nerveux, têtu, tranchant.

1/11 RADIESTHESIE

•

DIVINATION PAR LE PENDULE, PAR LES BAGUETTES

•

DE LA BAGUETTE AU PENDULE

Avant la baguette, avant le pendule, il y avait déjà les sources...

L'eau vive des sources est la semence du ciel et le sang de la terre. L'eau est symbole de maternité et elle a la propriété de guérir les blessures et de « ranimer les guerriers ».

L'eau donne une connaissance qui conduit à la perfection.

Certains devins romains et étrusques, entre autres, étaient spécialisés dans la recherche des cours d'eau, des minéraux, des trésors cachés...

Pour ce faire, ils utilisaient des baguettes de saule ou de coudrier, des fanons de baleines.

L'usage de la baguette de sourcier a permis à Jacob, Moïse et Aaron de trouver de l'eau pour le peuple hébreu.

Il est reconnu que le sceptre égyptien qui était l'emblème des pharaons, était composé de deux parties. L'une servait de « baguette parlante » pour trouver de l'eau indispensable à la fertilisation des terres. L'autre partie était un compas, outil de travail des architectes.

Les pouvoirs du sceptre égyptien sont passés dans la crosse des évêques.

Le nom savant de la sourcellerie est la rhabdomancie, et la divination – ou mieux la découverte – des choses cachées par les baguettes ou autres outils porte le nom de crypthesthésie (ou cryptomancie).

De nos jours, seuls, les « vrais » sourciers utilisent les baguettes.

En effet, le pendule, plus pratique à transporter et moins rustique à manipuler, est devenu l'outil de travail des radiesthésistes. Le pendule classique est un « gland » en or, en bois, en argent, en aluminium suspendu à un fil de 25 cm de long environ.

Le pendule est un objet personnel à l'opérateur qui « répond » selon un langage codé, défini entre le pendule et le radiesthésiste.

Il existe des pendules creux qui permettent de transporter un « témoin ». Il faut savoir que n'importe quels pendentif, médaillons, clefs attachées à un fil, morceau de cristal au bout d'une chaîne... peuvent servir de pendules.

Comment fonctionne le pendule ?

Les mouvements du pendule sont dus à l'influence directe des radiations et des champs magnétiques.

Mais ceux-ci agissent sur le pendule grâce à la réceptivité du praticien qui le tient. Par exemple, les radiations émises par l'eau d'un courant souterrain n'agissent pas sur la baguette de coudrier ou sur le pendule mais sur le sourcier ou le radiesthésiste.

Entre l'eau qui émet des messages et l'instrument, il faut nécessairement un intermédiaire qui capte les vibrations et les transforme en un langage oscillatoire (les mouvements du pendule) : c'est le sourcier.

ET POURTANT IL (LE PENDULE) TOURNE...

Cérémonial pour une consultation par le pendule.

* Concentration et visualisation de la question.
S'il s'agit par exemple de retrouver un objet perdu, il faut visualiser l'objet sous toutes ses formes.

* Tenir le fil du pendule entre le pouce et l'index.
Les doigts et le bras doivent être fermes mais non crispés.

* Etre en condition pour recevoir des ondes magnétiques terrestres.
Notamment avoir les deux pieds bien posés sur le sol et se tenir le dos bien droit.

* Protéger le « champ magnétique » en éliminant toute influence étrangère et surtout en supprimant des objets métalliques.

* Tenir dans la main droite le « témoin ».
Il peut s'agir d'une photo, d'une écriture, d'un objet appartenant à la personne pour qui la consultation est faite.

* Observer les réactions du pendule.
Le pendule se déplace en tournant dans le sens des aiguilles d'une montre ou dans le sens inverse. De là l'importance d'étalonner les réponses du pendule en fonction du langage convenu entre le pendule et le radiesthésiste.

UN EXEMPLE : « CELA COULE DE SOURCE » !

Voici un exemple de consultation par la radiesthésie. Imaginons le propriétaire d'un terrain à la recherche d'un point d'eau. Soit pour faire un forage, soit pour découvrir des courants souterrains pour éviter d'y construire sa maison...

1/ Prendre un plan de la propriété.

2/ Découper éventuellement le plan en carré pour mieux cerner les recherches. Faire un quadrillage. Celui-ci doit être suffisamment grand pour que le pendule puisse ne pas subir d'interférences.

3/ Mettre au point un protocole du langage du pendule avec des « témoins » : il est en effet indispensable de pouvoir interpréter les déplacements du pendule. Par exemple, si le pendule se déplace dans le sens des aiguilles d'une montre, cela veut dire « OUI », et l'inverse, « NON ».

4/ Promener lentement le pendule sur le plan et observer les mouvements.

5/ Les oscillations (OUI ou NON selon le code défini) désignent un « endroit stratégique ».

6/ Grâce à une règle de références, déterminer la profondeur de la nappe, le débit de la source, la qualité de l'eau... La règle de références peut consister en une feuille de papier sur laquelle sont inscrits des chiffres, une règle graduée...

UN AUTRE EXEMPLE : AVIS DE RECHERCHE...

Imaginons que vous recherchiez une personne disparue sans laisser d'adresse.

1/ De la main qui ne tient pas le pendule, « sentir » une photo de la personne recherchée ou un vêtement ou un objet lui appartenant.

2/ Définir le langage « OUI »/« NON » du pendule au moyen d'un « témoin ».

3/ Déterminer la partie du monde ou la personne peut se trouver en promenant le pendule sur une carte.

4/ Procéder par élimination, continent, pays, département, province, région... toujours au moyen de cartes appropriées.

5/ Au moyen de tables de références, comportant des chiffres et des lettres, obtenir des réponses, à des questions de plus en plus précises.

En voici quelques unes :

* Quelle est la première lettre du nom du pays, du département, de la ville, de la rue... où se trouve la personne ?

* Depuis combien de temps la personne se trouve à cet endroit ?

* Est-elle seule ?

* Cherche-t-elle à établir un contact ?

* Est-elle en bonne santé ?

* Souhaite-t-elle que vous fassiez des recherches pour la retrouver ?

* Etc.

1/12 RUNES

•

DIVINATION PAR LES CARACTERES DE L'ALPHABET DRUIDIQUE

•

ODIN, L'ACCOUCHEUR DES RUNES

Les lettres – mais sont-ce des lettres... ! – de l'alphabet runique sont au nombre de 24.

Elles ont été « mises au monde », disent les légendes, par le dieu Odin, au terme de souffrances physiques, morales et psychologiques.

La gestation, l'enfantement, procèdent d'un cheminement symbolique se concluant par une mise au monde d'une entité magique : les runes.

Odin, Odinn en anglais, Woden en saxon et Wodan en germanique, était le plus grand dieu pour les guerriers aristocrates et germains.

Odin était, en plus d'être un guerrier, poète, magicien et alchimiste.

Il composa le breuvage dit d'Odin dont quelques gouttes permettaient d'entrer en transes et d'écrire de beaux vers.

Odin, après avoir été transpercé par une lance, resta suspendu pendant neuf jours à un frêne, arbre cosmique, symbolisant l'Arbre du Monde, Yggdrasil.

Il fut libéré de ces pendaisons et perforations, lorsque, animé par un souffle créateur d'origine divine et parapsychique, il donna forme et vie aux runes, écriture initiatique.

LES 24 RUNES D'ODIN OU LE LANGAGE DES ARBRES

RUNE NUMERO 1 : FE, FEOH, FEHU

* Lettre : F – Fearn –
* Arbre : Aulne
* Chiffre : 8
* *Interprétation* : Le dieu Frey. La richesse et la consolidation financière. La fertilité-fécondité. Le bétail en grand nombre et des récoltes abondantes.

RUNE NUMERO 2 : UR, URR

* Lettre U – Urr –
* Arbre : Bruyère
* Chiffre : 5
* *Interprétation* : La force virile, l'intrépidité et le combat « avec ses cornes » à l'image de l'aurochs. La persévérance et l'opiniâtreté. La sensualité. Les colères expéditives.

RUNE NUMERO 3 : PURS, PORN

* Lettre : Th
* Arbre :
* Chiffre :
* *Interprétation* : Les géants et les forces invincibles. L'héroïsme. Le savoir primitif.

RUNE NUMERO 4 : ANSUZ, AS, OS

* Lettre : À – Aiml
* Arbre : Epicéa
* Chiffre : 1
* *Interprétation* : Le dieu Odin. La source de tout. La consolation des sages.

RUNE NUMERO 5 : REID, RAD, RIT

* Lettre : R – Ruis –
* Arbre : Sureau
* Chiffre : 15
* *Interprétation* : Le dieu Thor. Les chevauchées, la chevalerie et les voyages.

RUNE NUMERO 6 : KEN, KAN, KAUN, CEN

* Lettre : K – Col –
* Arbre : Noisetier
* Chiffre : 9
* *Interprétation* : Le feu. Le commencement de tout. La torche. Le furoncle.

RUNE NUMERO 7 : GEBO, GYFU

* Lettre : G – Gort –
* Arbre : Lierre
* Chiffre : 10
* *Interprétation* : Les fées du destin. La part de chance. Les énergies positives.

RUNE NUMERO 8 : YNDI, WENNE

* Lettre :
* Arbre :
* Chiffre :
* *Interprétation* : Le dieu Freyr et sa sœur Freya. Le bonheur et l'abondance, la paix et l'harmonie. Les voluptés.

RUNE NUMERO 9 : HAGEL, HAGL
* Lettre : Cheth – Uath –
* Arbre : Aubépine
* Chiffre :
* *Interprétation* : Les dieux Thor et Heimdlar. La grêle et le cristal. La voie lactée.

RUNE NUMERO 10 : NAUD, NYD, NOT
* Lettre : N – Nion –
* Arbre : Frêne
* Chiffre : 13
* *Interprétation* : L'affliction. Les ongles. Les nécessités.

RUNE NUMERO 11 : IS
* Lettre : I – Idho –
* Arbre : If
* Chiffre : 3
* *Interprétation* : La volonté. La glace. L'enfer du Nord.

RUNE NUMERO 12 : AR, GER, JARA, GERD
* Lettre : I
* Arbre :
* Chiffre :
* *Interprétation* : L'été et les forces de la vie. La terre nourricière et les bonnes affaires.

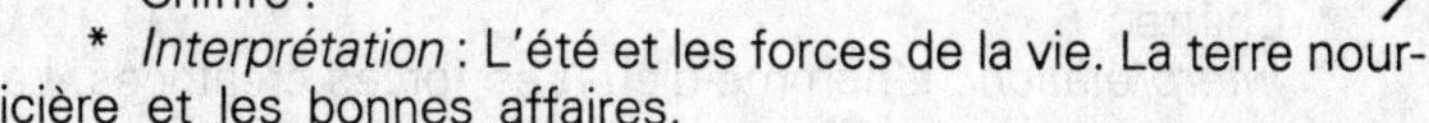

RUNE NUMERO 13 : YR, EOH
* Lettre : I et E
* Arbre :
* Chiffre :
* *Interprétation* : L'If éternellement vert, symbole d'axe et support du monde.

RUNE NUMERO 14 : PEORD, PEORTH
* Lettre : P – Pethbol –
* Arbre : Roseau
* Chiffre : 7
* *Interprétation* : Les arbres fruitiers. La fête. La collectivité.

RUNE NUMERO 15 : EOLH, EOLHXSECG

* Lettre :
* Arbre : Le Roseau de l'Elan
* Chiffre :
* *Interprétation* : Les protections

RUNE NUMERO 16 : SOL, SIG, SIGIL, SIGEL

* Lettre : S – Saille –
* Arbre : Saule
* Chiffre : 16
* *Interprétation* : Le soleil. La victoire.

RUNE NUMERO 17 : TYR, TIR
* Lettre : T – Tinne –
* Arbre : Houx
* Chiffre : 11
* *Interprétation* : La justice et le droit. Les forces du bien contre les forces du mal.

RUNE NUMERO 18 : BAR, BEORG, BEORC
* Lettre : B – Beth –
* Arbre : Bouleau
* Chiffre : 5
* *Interprétation* : Le bouleau. La mère nature et la fertilité.

RUNE NUMERO 19 : BEH, EH
* Lettre : E – Eadda –
* Arbre : Peuplier blanc
* Chiffre : 2
* *Interprétation* : Le cheval et les coursiers des dieux. Les changements. Les énergies dynamiques.

RUNE NUMERO 20 : MAN
* Lettre : M – Muin –
* Arbre : Vigne
* Chiffre : 6
* *Interprétation* : L'homme-dieu. Les forces créatrices. La passion et les idéaux. Les explorations d'autres mondes.

RUNE NUMERO 21 : LAGU, LAUKR
* Lettre : L – Luis –
* Arbre : Sorbier
* Chiffre : 14

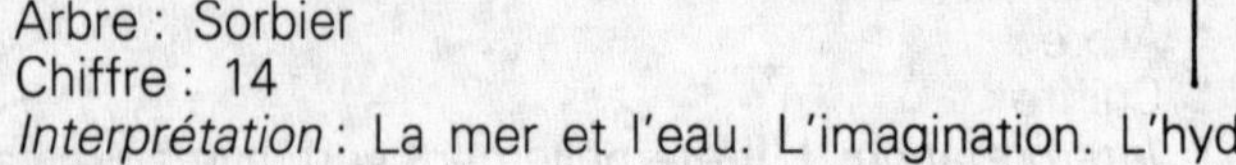

* *Interprétation* : La mer et l'eau. L'imagination. L'hydromel sacré.

RUNE NUMERO 22 : YNGI, ING 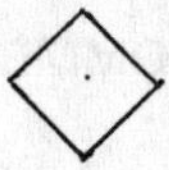
* Lettre : GN
* Arbre :
* Chiffre :
* *Interprétation* : Les dieux de la fécondité. Les arbres.

RUNE NUMERO 23 : ODAL, EPEL 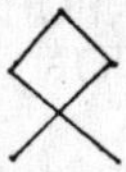
* Lettre : O – Onn –
* Arbre : Ajonc
* Chiffre : 4
* *Interprétation* : Le patrimoine et les choses matérielles. La terre-matière.

RUNE NUMERO 24 : DAEG, DAGR 
* Lettre : D – Duir –
* Arbre : Chêne
* Chiffre : 12
* *Interprétation* : Le jour. Le monde de l'esprit. Le nouveau jour du nouvel âge d'or.

A QUOI SERVENT LES RUNES

Les runes sont les talismans à tout faire de l'ésotérisme celte.

Les runes ont deux utilités : donner des prédictions et permettre des guérisons et protections.

Voici quelques bienfaits attribués aux runes :

* se protéger des influences néfastes et de mauvais sorts ;
* attirer l'amour et le bonheur ;
* accroître sa force et sa vitalité ;
* devenir riche ;
* guérir ;
* trouver sa route ;
* se libérer de liens ;
* communiquer avec d'autres initiés.

COMMENT ECRIRE DES RUNES ?

* En les gravant sur un support de bois, pierre, fer...
* En faisant des marques sur un morceau de bois au moyen d'un fer rougi. Traditionnellement, les runes étaient ainsi brûlées sur des écorces de certains arbres situés à des endroits stratégiques.

COMMENT FAIRE PARLER LES RUNES?

* Poser la question.
* Choisir une rune, la retourner et l'interpréter.

INFORMATION SUR LES SYMBOLES ET LEUR SIGNIFICATION

Les dessins des runes, leur numérotation, leur interprétation et leur symbolisme diffèrent selon les sources. Les symboles runiques de Bretagne, d'Irlande, d'Islande, de Scandinavie, de Germanie... ne sont pas tous identiques.

A l'instant où vous avez choisi votre méthode avec des dessins qui vous conviennent, cette pluralité n'est pas importante. L'essentiel est de vous imprégner des dessins symboliques et de réaliser des interprétations synthétisées.

DEUXIEME PARTIE

LES GRANDS CLASSIQUES

2/1 ASTROLOGIE

•

DIVINATION PAR LES ASTRES

•

C'EST DU CIEL QUE VIENT LA SAGESSE...

Avant l'astrologie, il y avait déjà le ciel avec le Soleil, la Lune et les Etoiles. Il y avait les éclairs, la pluie, le vent, les orages...

Le ciel était le maître du monde et l'homme d'alors ne craignait qu'une seule chose : qu'il ne lui tombe sur la tête.

Les Babyloniens furent les premiers observateurs du ciel et leurs études furent reprises par les Chaldéens. Ceux-ci, mathématiciens et ingénieux, mirent au point un système cosmologique.

L'astrologie était née.

L'astrologie servait à prévoir les guerres, le déroulement des affaires publiques. L'astrologie était à l'usage des grands du monde de l'époque. Elle était d'essence royale.

Vers l'an 2000 avant J.-C., furent construits les alignements de Stone Hedge, première horloge astrologique, puis furent bâties les pyramides d'Egypte.

Des écoles d'astrologie apparurent en Grèce et à Rome. Et c'est à cette époque que Claude PTOLEMEE écrivit le premier manuel d'astrologie, *Le Tetrabiblos.*

L'Eglise chrétienne brûla cette astrologie sous prétexte que les astrologues devaient être inspirés par quelques démons.

L'astrologie fut sauvée par les Arabes et une bibliothèque et un observatoire furent construits à Bagdad.

Lorsque l'imprimerie apparut, les premiers calendriers astrologiques furent édités. La Renaissance apporta des compléments originaux mais à tendance occulte. Par exemple, la numérologie et l'alchimie.

Des éclairages nouveaux à base d'astronomie et de principes « rationalisants » firent progresser les méthodes astrologiques. Citons Copernic, Keppler, Tycho Brahé, Newton...

Et nous arrivons dans l'ère du Verseau qui accepte toutes les idées pourvu qu'elles soient originales et susceptibles d'expliquer l'inexplicable. Tout en inventant un autre inexplicable !

L'étude des cycles et des horloges cosmiques n'est plus considérée comme un travail de poète ou de mystique, mais bien comme une des plus intéressantes innovations du savoir astrologique.

QUELQUES DEFINITIONS DE L'ASTROLOGIE

Mais tout d'abord qu'est-ce que l'astrologie ?

* **Pour le dictionnaire,** l'art « de déterminer le caractère d'une personne et de prévoir son destin par l'étude des astres ».

* **Pour le poète,** une évidence universelle car « le monde est fait avec des astres et des hommes ».

* **Pour tout le monde,** le moyen un peu magique, un peu amusant mais toujours excitant de mieux connaître les autres et leur destin.

* **Pour certains,** enfin, un intermédiaire entre le visible et l'invisible, entre le cosmique et le terrestre, entre l'homme-esprit et l'homme-instinct.

Cet intermédiaire, qui parle un langage de symboles, explique le destin de l'homme enraciné dans la planète Terre et qui est un fragment de l'univers.

LES FONCTIONS DE L'ASTROLOGIE

* LIRE L'INCONSCIENT

La première fonction de l'astrologie est de lire l'inconscient, d'interpréter l'irrationnel et de déchiffrer les profondeurs de l'âme humaine.

Les astrologues – et l'astrologie – peuvent remercier le docteur Jung lorsqu'il a associé l'astrologie à la psychologie des profondeurs en écrivant : « L'horoscope correspond à un certain moment de l'entretien mutuel des dieux, c'est-à-dire des archétypes psychiques. »

C'est grâce à ce don de « double-vue » que l'astrologie

peut aider à trouver des solutions aux problèmes que tout être humain vit : problèmes sentimentaux, d'affaires, de finances, de santé...

Le but de tout enseignement, qu'il soit philosophique, psychologique, médical, est de permettre d'atteindre un état de paix. L'astrologie est ainsi un guide remarquable pour accéder à sa définition personnelle du bien-être.

* PREVOIR LE FUTUR

La deuxième fonction est de faire des prévisions. L'astrologie indique les grands axes d'une destinée et détermine les phases à venir d'une vie. Il ne s'agit pas d'affirmer et d'être péremptoire, mais de signaler ce que peuvent être les cycles du futur.

Il ne s'agit nullement de divination – dans le sens de chresmologie – mais d'observation des mouvements des planètes.

Taxe-t-on le météorologue de voyant et le marin de prophète parce qu'il leur est possible d'annoncer les orages et les marées ?

LES 144 PORTRAITS ASTROLOGIQUES

La connaissance des « signes de naissance » et « ascendants » donne une remarquable approche de la personnalité.

Or la faculté de définir un caractère et par là même de prévoir un comportement, entre dans l'art de la divination.

Voici donc les 144 portraits astrologiques réalisés à partir du signe de naissance et du signe ascendant.

BELIER

ASC BELIER

Compréhension rapide et aisée.
Réalisme et sens du concret.
Caractère passionné et généreux.
Besoins sensoriels puissants.
Esprit d'initiative.
Courageux et combatif à l'extrême.

ASC TAUREAU

Intelligence pratique.
Conscience professionnelle.
Sentiments profonds et durables.
Tempérament expansif et jovial.
Sens de l'organisation.
Activité régulière et intense.

ASC GEMEAUX

Vivacité d'esprit.
Souplesse mentale et ingéniosité.
Contacts avec autrui pleins de tact et de courtoisie.
Dons de séduction, d'élocution et d'expression.
Adresse et habileté dans les entreprises.
Grande dextérité dans l'activité.

ASC CANCER

Imagination débordante et passionnée.
Goûts et aptitudes pour les études et la littérature.
Sentiments profonds et durables.
Instinct maternel.
Diplomatie et subtilité dans l'activité.
Travail en collaboration apprécié.

ASC LION

Compréhension et assimilation aisées.
Sens esthétique et artistique développé.
Sentiments ardents et passionnés, empreints de noblesse.
Sincérité et fidélité.
Confiance en soi.
Réalisation de grande envergure.

ASC VIERGE

Intelligence pratique, logique et raisonnable.
Esprit studieux, toujours en activité.
Générosité et dévouement.
Finesse psychologique et diplomatie.
Activité raisonnée.
Remarquable capacité de « metteur au point ».

ASC BALANCE

Intelligence vaste.
Dispositions artistiques prépondérantes.
Se fait aimer par sa gentillesse et son charme.
Courtoisie et amabilité innées.
Esprit d'initiative.
Sens de l'équilibre et de la justice.

ASC SCORPION

Intelligence vive et active.
Volonté opiniâtre et acharnée.
Fidèle dans ses amitiés.
Franchise et sentiments profonds.
Grande richesse d'invention et de puissance créatrice.
Esprit de décision et d'initiative.

ASC SAGITTAIRE

Grande aisance dans la parole.
Intuition très appréciable.
Nature bienveillante aux émotions profondes.
Grande sincérité dans ses sentiments.
Vitalité débordante, besoin de mouvement.
Confiant et toujours optimiste dans ses entreprises.

ASC CAPRICORNE

Doué pour la réflexion et la concentration.
Esprit méthodique, appliqué et patient.
Fidélité et constance dans ses affections.
Sensibilité très vive mais cachée.
Apte pour des travaux exigeant de la patience et de la recherche.
Persévérance et ténacité : les clefs de sa réussite.

ASC VERSEAU

Dons d'inventions très appréciables et intuition marquée.
Grande curiosité intellectuelle.
Elans fugaces et passionnés.
Emotivité et affectivité.
Puissance de travail et efforts dans l'activité.
Conceptions originales et innovatrices.

ASC POISSONS

Intelligence intuitive et sensitive.
Facultés créatrices développées.
Conciliant, confiant et hospitalier.
Optimisme et enthousiasme.
Sens de l'organisation et des réalités.
Volonté importante.

TAUREAU

ASC BELIER

Sens des réalités, « coups de tête ».
Esprit d'initiative et d'organisation.
Sentiments profonds mais impulsifs.
Générosité et optimisme.
Audace et ambition.
Volonté combative et constructive.

ASC TAUREAU

Intelligence pratique.
Attraction pour les manifestations de l'art.
Affectivité empreinte de bon sens et de fidélité.
Constance et loyauté dans les sentiments.
Facilité d'exécution et grande conscience professionnelle.
Courage et persévérance dans l'effort.

ASC GEMEAUX

Intelligence concrète et rapide.
Raisonnement excellent.
Finesse des sentiments et affectivité empreinte de bon sens.
Loyauté et fidélité.
Activité régulière et intense.
Sens de l'opportunité et de l'organisation.

ASC CANCER

Imagination développée.
Excellente mémoire, capacités de concentration.
Douceur, compréhension, ponctuées de bienveillance.
Affectivité paisible, simple et régulière.
Activité tenace et obstinée.
Action régulière et sûre.

ASC LION

Intelligence synthétique et pratique.
Capacité de concentration et grande détermination.
Sentiments profonds et durables.
Sincérité et générosité.
Activité puissante, régulière et intense.
Réussite à force de travail et de persévérance.

ASC VIERGE

Intelligence pratique, matérielle.
Esprit logique et analytique.
Bon sens, fidélité et loyauté dans les sentiments.
Dévouement et soumission.
Grande capacité de travail et puissance réalisatrice.
Sens de l'organisation important.

ASC BALANCE

Sens de la mesure et de l'équilibre.
Sens esthétique très développé.
Sentimentalité faite de douceur, de bonté.
Sentiments intenses.
Sens de la prévoyance, de l'économie.
Chance importante dans les activités.

ASC SCORPION

Intelligence analytique.
Grande faculté de travail et puissance de création.
Affectivité passionnée, sentiments profonds.
Sensualité et sexualité très puissantes.
Activité décidée et intense.
Sens de la combativité et de la lutte.

ASC SAGITTAIRE

Intelligence prononcée.
Sens de l'organisation très développé.
Grande sensibilité et émotions profondes.
Générosité et bienveillance, optimisme.
Activité méthodique et efficiente.
Ambition et grand esprit d'indépendance.

ASC CAPRICORNE

Intelligence pratique et concrète.
Volonté d'érudition et besoin de connaissance.
Fidélité et constance dans ses affections.
Sensibilité vive.
Activité régulière et sens pratique prononcé.
Ténacité, réflexion, patience dans les efforts.

ASC VERSEAU

Intelligence vive et synthétique.
Assimilation favorisée, capacité d'innovations et d'inventions.
Sentiments empreints de fidélité et de loyauté.
Affectivité et émotivité cérébrales.
Capacité de travail et de conception, création.
Esprit d'indépendance.

ASC POISSONS

Intellect porté vers l'artistique.
Assimilation et compréhension facilitées.
Grande sensibilité et émotivité à fleur de peau.
Sincérité et dévouement.
Flair pour trouver de bonnes affaires.
Une certaine chance « insolente ».

GEMEAUX

ASC BELIER

Intelligence vive, compréhension rapide et aisée.
Imagination foisonnante et féconde.
Spontanéité, franchise et générosité dans ses sentiments.
Sociabilité très développée.
Grande faculté d'adaptation.
Sens très sûr de l'opportunité.

ASC TAUREAU

Puissance de travail et ténacité.
Intellect orienté vers les choses pratiques.
Affectivité pleine de charme, de discrétion et diplomatie.
Optimisme et gaieté.
Intensité et patience dans ses efforts.
Souplesse et ingéniosité dans ses entreprises.

ASC GEMEAUX

Intelligence remarquable et rapide.
Etonnante facilité de compréhension et d'assimilation.
Sensibilité et réceptivité très vives.
Pouvoir de séduction grâce à ses belles paroles.
Activité souple et rapide.
Deux activités ou deux professions en même temps.

ASC CANCER

Intelligence mobile et vive.
Intuition et goût prononcé pour les études.
Affectivité intense et sentiments profonds.
Sensibilité et émotivité très vives.
Ténacité et patience dans l'énergie.
Activité souple et contemplative.

ASC LION

Grande curiosité intellectuelle.
Compréhension et assimilation aisées.
Générosité et diplomatie.
Vivacité d'esprit, entrain et grande aisance.
Activité énergique et ambition.
Sens très vif de l'opportunité et volonté.

ASC VIERGE

Intelligence pratique développée.
Raisonnement objectif et perspicace.
Dévouement, générosité et diplomatie.
Affectivité sous l'influence cérébrale.
Sens de l'organisation et de l'opportunité.
Activité minutieuse et régulière, sens pratique développé.

ASC BALANCE

Intelligence vaste et éclectique.
Sens esthétique et artistique très développé.
Affectivité prononcée et empreinte de douceur.
Sentiments profonds, inspire la sympathie.
Sens de l'opportunité.
Facilité d'adaptation.

ASC SCORPION

Intelligence concrète et pratique.
Forte avidité intellectuelle.
Emotions, sentiments et désirs profonds.
Les affections sont spontanées.
Activité décidée, rapide et régulière.
Besoin de progrès, d'innovation.

ASC SAGITTAIRE

Jugement sûr et précis.
Esprit subtil et prompt à la compréhension.
Affectivité généreuse et bienveillante.
Sensibilité et émotivité vives et intenses.
Sens de l'organisation et de la direction.
Activité efficiente accompagnée de méthode et ordre.

ASC CAPRICORNE

Esprit méthodique, pratique et pondéré.
Grande aisance dans les études grâce à sa persévérance.
Assez froid, apparemment « incapable d'aimer ».
Sens des responsabilités.
Activité empreinte de méthode, de régularité et d'application.
Ingéniosité, dextérité et ambition dans ses entreprises.

ASC VERSEAU

Conception et compréhension simultanées.
Intellect mobile, intuitif et synthétique.
Sentiments vifs.
Chaleur et générosité.
Sens de la rénovation et de la création.
Aptitudes inventives et grande ingéniosité

ASC POISSONS

Intelligence intuitive facilitée par l'imagination.
Intellect porté vers la poésie ou la littérature.
Affectivité empreinte de sensibilité et d'émotivité.
Réceptivité très prononcée.
Aptitudes organisatrices.
Facilité d'adaptation.

CANCER

ASC BELIER

Intelligence caractérisée par une imagination bouillonnante.
Excellente mémoire et facilité d'assimilation.
Sentiments profonds, instinctifs et passionnés.
Sensualité prononcée.
Combativité et esprit d'initiative.
Ténacité et subtilité dans les entreprises.

ASC TAUREAU

Intelligence pratique et analytique.
Sens esthétique très vif, attrait pour le beau.
Goût profond du foyer et de la famille.
Besoin impérieux de tendresse et d'amour.
Grande ténacité dans l'énergie.
Activité régulière et appliquée.

ASC GEMEAUX

Intelligence prononcée et favorisée.
Esprit vif, rapide et souple.
Sentiments intenses et vifs.
Affectivité sous l'influence du « cérébral ».
Activité souple et adaptation.
Sens de l'opportunité.

ASC CANCER

Intelligence sensitive et intuitive.
Excellente mémoire, compréhension et assimilation.
Affectivité profonde et intense.
Sens très développé de la famille et du foyer.
Besoin d'agir en collaboration, en équipe.
Grande ténacité.

ASC LION

Intelligence synthétique et rayonnante.
Compréhension et assimilation aisées.
Générosité et bonté dans ses affections.
Sollicitations sensorielles puissantes.
Activité déterminée, de la puissance de travail.
Forte ambition, peu apte aux travaux vulgaires.

ASC VIERGE

Intelligence pratique et logique.
Curiosité et avidité intellectuelle facilitées par de la compréhension.
Générosité, dévouement, douceur et cordialité.
Sociabilité « raisonnable » en toutes circonstances.
Activité régulière et minutieuse.
Habile à saisir les occasions.

ASC BALANCE

Intelligence fine et sensible.
Sens esthétique et artistique extrêmement affiné.
Réceptivité et émotivité imprégnant l'être en totalité.
Affectivité pleine de douceur, d'altruisme et de bonté.
Besoin d'approbation et d'encouragement dans ses entreprises.
Appui moral fortement ressenti et apprécié.

ASC SCORPION

Intelligence volontaire et énergique.
Curiosité et tendance naturelle à la détection et à l'investigation.
Affectivité empreinte d'une intensité peu commune.
Sensibilité aiguë mais parfaitement maîtrisée.
Puissance de travail décidée.
Ténacité et persévérance dans l'effort.

ASC SAGITTAIRE

Intelligence rapide, précise et intuitive.
Excellente mémoire et facilité de compréhension.
Emotions et sentiments sincères.
Grand sens moral et profond respect des usages.
Sens de la justice et de la loyauté.
Confiant et optimiste dans ses actions.

ASC CAPRICORNE

Intelligence pratique, méthodique et appliquée.
Imagination maîtrisée par la logique et la raison.
Emotivité et sentimentalité intenses et vives.
Besoin de tendresse et d'affection très ressenti.
Activité assidue et appliquée.
Patience et ténacité dans les efforts à fournir.

ASC VERSEAU

Intelligence inventive, intuitive, surtout vive et souple.
Grand intérêt pour les idées humanitaires.
Affectivité, sentimentalité intenses.
Sensualité empreinte de vivacité.
Activité déployée vivement.
Ingéniosité, subtilité et parfois originalité dans ses entreprises.

ASC POISSONS

Intelligence basée sur l'intuition et l'imagination.
Possibilités de prémonitions et de pressentiments.
Affectivité profondément sensible.
Sincère, dévoué, très conciliant et généreux en amour.
Plutôt lymphatique, compte sur les providences.
Gains par des voyages.

LION

ASC BELIER

Compréhension, assimilation et création simultanées.
Imagination bouillonnante et sens esthétique affiné.
Affectivité impulsive, passionnée et ardente.
Sensualité puissante et instincts à « fleur de peau ».
Activité rapide, fougueuse et rayonnante.
Courage, combativité et instinct de domination dans ses entreprises.

ASC TAUREAU

Intelligence pratique et concrète.
Concentration, réflexion et patience s'ajoutent à sa bonne mémoire.
Sentiments fidèles et sincères.
Sensualité à « fleur de peau » et attirance vers les plaisirs.
Activité régulière, appliquée et déterminée.
Capacité de concentration et présence d'une ambition stimulante.

ASC GEMEAUX

Intelligence réunissant toutes les qualités.
Capacité de concentration et imagination débordante.
Nombreux succès, joue la séduction.
Associe réussite professionnelle et amoureuse.
Activité diffuse mais intense.
Capacités intellectuelles supérieures.

ASC CANCER

Compréhension et assimilation remarquables.
Intelligence facilitée par une bonne mémoire, de l'intuition et de l'imagination.
Sentiments intenses et passionnés.
Grande sociabilité empreinte de générosité et de loyauté.
Sens des responsabilités dans le domaine activité.
Esprit d'indépendance.

ASC LION

Intelligence synthétique, capable d'assimiler les notions les plus vastes.
Aptitudes artistiques, vivacité, profondeur et sens de l'organisation.

Sentiments ardents, profonds et durables.
Forte influence personnelle, de la distinction, de l'élégance.
Grande puissance de travail, de la confiance en soi.
Détermination et hardiesse sont les clefs de sa réussite.

ASC VIERGE

Intelligence pratique, concrète et empreinte de bon sens.
Compréhension et assimilation favorisées permettant un savoir étendu.
Affectivité sous l'influence d'une impulsion intense.
Sensualité et sentiments appréciables.
Activité régulière et appliquée, énergie et volonté.
Sens pratique, ingéniosité et méthode.

ASC BALANCE

Intelligence étendue et éclectique.
Raisonnement et jugement pleins de bon sens.
Affectivité empreinte de douceur, de raffinement.
Besoin de plaire, de séduire et d'attirer la sympathie à soi.
Intervention de la chance dans ses entreprises.
Besoin d'encouragements et d'approbations.

ASC SCORPION

Intelligence analytique et synthétique.
Grande curiosité intellectuelle favorisée par compréhension et assimilation.
Affectivité puissante et sentiments passionnés.
Sensualité impérieuse et instinctive.
Volonté ferme et opiniâtre
Activité extrêmement décidée et déterminée.

ASC SAGITTAIRE

Intelligence caractérisée par un jugement sûr et précis.
Aisance dans la parole, aptitudes artistiques.
Affectivité empreinte d'enthousiasme et d'optimisme.
Générosité, bienveillance et compréhension.
Activité régulière et méthodique.
Efforts dans ses entreprises, déterminé et volontaire.

ASC CAPRICORNE

Intelligence pratique, réfléchie, soucieuse de méthode et d'analyse.
Tendance à la réflexion et à la concentration.

De la droiture et de la fidélité dans les sentiments.
Affectivité sous le signe de la noblesse.
Activité puissante, régulière et assidue.
Energie méthodique, sens des responsabilités.

ASC VERSEAU

Intelligence synthétique, doué de capacités et d'aptitudes remarquables.
Grande vivacité d'esprit et intuition féconde.
Indépendance, spontanéité et sociabilité dans l'affectif.
Affectivité sous l'influence du « cérébral ».
Activité développée, parfois originale et pleine d'ardeur.
Sens des responsabilités et réussite favorisée par l'invention et l'ingéniosité.

ASC POISSONS

Intelligence sensitive et intuitive.
Sens esthétique et artistique prononcé.
Affectivité, émotions et sensations puissantes et intenses.
Charme provoquant une sorte de magnétisme.
Energie intense et volonté illimitée dans ses entreprises.
Ambition et apparence sûre et décidée.

VIERGE

ASC BELIER

Intelligence rapide, décidée et pleine de vivacité.
Très grande puissance de travail et facilité d'adaptation.
Sociabilité empreinte de diplomatie.
Générosité et compréhension à l'égard d'autrui.
Activité régulière et intense.
Sens de l'organisation et méthode dans l'activité.

ASC TAUREAU

Intelligence extrêmement pratique, concrète et réaliste.
Grand sens de l'observation, esprit analytique.
Sentiments stables et profonds.
Discrétion, dévouement et bienveillance dans ses affections.
Activité régulière et appliquée.
Sens de l'organisation et sens pratique développés.

ASC GEMEAUX

Développement maximum de l'intellect pratique.
Représente un type de l'écrivain ou du savant très intéressé.
Beaucoup de finesse psychologique et de la diplomatie.
Facilité d'élocution, la parole est très aisée.
Sens de l'opportunité et facultés d'adaptation.
Ingéniosité et méthode dans les réalisations.

ASC CANCER

Intelligence éveillée, esprit critique et sens remarquable de l'analyse.
Beaucoup de logique, de discernement et de méthode.
Intellectualité et sensibilité sont étroitement liées.
Goût du foyer, de la famille et recherche d'une existence paisible.
Sens de l'opportunité et facultés d'adaptation.
Activité régulière et appliquée.

ASC LION

Intelligence synthétique, méthodique et analytique.
Esprit indépendant et brillant, épris de logique.
Affectivité empreinte de générosité, d'enthousiasme et de charme.

Grandes passions et aventures sentimentales.
Activité rayonnante, intense mais aussi régulière et appliquée.
Méticuleux et ingénieux dans ses réalisations.

ASC VIERGE

Intelligence pratique, minutieuse et logique.
Esprit empreint de discernement et d'ingéniosité.
Affectivité caractérisée par le dévouement.
Vie sentimentale calme.
Activité régulière et intense.
Sens pratique, clef de sa réussite.

ASC BALANCE

Intelligence s'orientant vers les domaines les plus divers.
Sens pratique, logique et raison.
Affectivité sous le signe de la douceur et de la bonté.
Charme, raffinement et élégance naturelle.
Sens de l'opportunité.
Part de chance dans le domaine de l'activité.

ASC SCORPION

Esprit analytique, pratique et concret.
Intelligence vive et caractérisée par une très grande curiosité.
Besoins sensoriels puissants.
Sensibilité aiguë.
Activité rapide et décidée.
Grandes capacités de travail et sens de l'initiative.

ASC SAGITTAIRE

Intelligence méthodique, pratique et ordonnée.
Sens de l'observation et de l'organisation très développé.
Affectivité empreinte de générosité, de bienveillance.
Sentiments vifs et sincères.
Activité appliquée et variable.
Beaucoup d'ingéniosité dans ses entreprises.

ASC CAPRICORNE

Esprit caractérisé par la réflexion et la concentration.
Du sérieux, de la pondération et de la compréhension, assimilation.
Sentiments stables et constance dans ses amitiés.

Besoins sensoriels et sociabilité.
Activité régulière, assidue et méthodique.
Sens des responsabilités.

ASC VERSEAU

Intelligence développée et favorisée par une très grande curiosité.
Raisonnement et sens de l'analyse remarquables.
Fidélité et constance dans les sentiments.
Emotivité et sensibilité prononcées.
Activité méthodique et appliquée.
Capacités innovatrices et grande ingéniosité dans ses entreprises.

ASC POISSONS

Intelligence caractérisée par de l'imagination et de l'intuition.
Logique et sens de l'analyse prédominants.
Affectivité empreinte de dévouement et de générosité.
Sensibilité et émotivité vives et intenses.
Régularité et application dans les efforts.
Grandes capacités d'organisation.

BALANCE

ASC BELIER

Intelligence active et très vive.
Imagination bouillonnante et esprit ouvert à tous les domaines.
Affectivité empreinte de chaleur et de générosité.
Sentiments intenses, vifs et stables.
Impulsivité dans ses réalisations.
Activité régulière, assidue et appliquée.

ASC TAUREAU

Intelligence harmonieuse s'orientant vers les arts.
Compréhension, assimilation et réflexion.
Sentiments profonds, stables et intenses.
Emotion et sensibilité développées.
Besoin d'encouragements et d'approbation.
Moments de prévoyance et puissance de travail dans ses entreprises.

ASC GEMEAUX

Intelligence vaste et synthétique.
Jugement et raisonnement excellents.
Emotions et sentiments vécus avec fougue et intensité.
Besoin de plaire et d'attirer l'attention.
Activité souple et rapide.
Sens de l'opportunité, de l'adaptation et de l'équité.

ASC CANCER

Intelligence mobile, vive et active.
Sens esthétique accru, goûts et aptitudes pour les arts.
Affectivité pleine de douceur, de bonté et de générosité.
Amour sincère du foyer.
Doué pour l'art, la mode, le spectacle.
Apprécie les associations professionnelles.

ASC LION

Intelligence vaste et éclectique, orientée vers l'art.
Compréhension, assimilation et excellente mémoire.
Affectivité empreinte de générosité, fierté et impulsivité.
Sentiments profonds, passionnés et sincères.
Activité régulière.
Energie déployée dans ses entreprises.

ASC VIERGE

Intelligence pratique, concrète et terre à terre.
Grand sens de l'observation et sens esthétique.
Sentiments et émotions intenses.
Spontanéité, émotivité et sensibilité.
Activité variable, régulière et appliquée.
Besoin d'encouragements et d'approbation.

ASC BALANCE

Intellect orienté vers tout ce qui est art.
Jugement équilibré, sens très juste des comparaisons.
Affectivité faite d'équilibre, de raffinement et d'harmonie.
Charme naturel et fort magnétisme.
Activité régulière et appliquée.
Besoin d'appui pour atteindre ses objectifs.

ASC SCORPION

Intelligence vaste et éclectique.
Grande vivacité d'esprit, jugement équilibré.
Affectivité empreinte de passions et de fougue.
Sensualité puissante et raffinée.
Volonté ferme et impérieuse.
Sens très sûr de la comparaison, grande richesse d'invention.

ASC SAGITTAIRE

Intelligence vive, sensitive et empreinte de raffinement.
Intuition très appréciable, grande avidité intellectuelle.
Affectivité pleine de jovialité, optimisme et bienveillance.
Sentiments et émotions profonds et sincères.
Elans audacieux et optimismes, confiance en soi.
Sens inné de la justice et de la moralité.

ASC CAPRICORNE

Intelligence pondérée, appliquée et analytique.
Esprit logique, sérieux et précis.
Harmonie et équilibre dans les sentiments.
Besoin d'affection très vif.
Activité régulière, assidue et consciencieuse.
Sens des responsabilités et de l'économie.

ASC VERSEAU

Esprit mobile et très vif, attiré par l'invention
Capacités de productions intellectuelles très grandes.
Sentiments très vifs.
Affectivité et sensibilité extrêmes.
Energie déployée avec ingéniosité et sens inné de l'innovation.
Activité consciencieuse et réfléchie.

ASC POISSONS

Intelligence vive, intuitive et pleine de finesse.
Grand intérêt et aptitudes pour tout ce qui est art.
Affectivité empreinte d'émotions intenses.
Sensualité élevée et raffinée.
Sens de l'organisation.
Diplomatie et courtoisie dans ses entreprises.

SCORPION

ASC BELIER

Intelligence vive et très active.
Grande curiosité et avidité intellectuelle.
Affectivité empreinte de fougue et de passion.
Sentiments vifs et aigus.
Activité décidée, intense et rapide.
Témérité, ténacité et grande confiance en soi.

ASC TAUREAU

Intelligence pratique et analytique.
Capacités de réflexion, de concentration et de patience.
Affectivité pleine de bon sens, de fidélité et de loyauté.
Intensité des passions peu commune.
Activité décidée et rapide.
Confiance en soi et volonté dans ses entreprises.

ASC GEMEAUX

Intelligence acérée, empreinte de vivacité et de souplesse.
Aptitudes pour la polémique, facilités d'expression ou d'argumentation.
Affectivité vive et intense.
Emotions vécues avec passion.
Activité souple et rapide.
Volonté, persévérance, patience et ténacité.

ASC CANCER

Intelligence intuitive, souple et vive.
Compréhension et assimilation aisées.
Affectivité vive et prononcée.
Emotivité et sensibilité vécues avec une intensité intérieure.
Activité rapide, décidée et appliquée.
Imagination et esprit créatif dans ses entreprises.

ASC LION

Intelligence synthétique et analytique.
Volonté opiniâtre et obstinée.
Affectivité pleine de spontanéité.
Sensualité puissante et instinctive.
Esprit de décision, audace et énergie.
Grande confiance en soi et fermeté dans ses entreprises.

ASC VIERGE

Intelligence pratique et analytique.
Goût du travail et de la recherche.
Grande maîtrise de soi.
Capable de dévouement et de bienveillance.
Activité régulière, appliquée et aussi rapide et décidée.
Sens pratique et ingéniosité.

ASC BALANCE

Intelligence sensible à l'esthétique et à l'art.
Assimilation et compréhension favorisées.
Sensibilité et émotivité intenses.
Sentiments, désirs et passions vécus avec fougue.
Energie canalisée par une ambition personnelle.
Initiatives dans ses entreprises.

ASC SCORPION

Intelligence réaliste, pratique et analytique.
Volonté obstinée et puissante.
Affectivité empreinte d'une intensité remarquable.
Sentiments et désirs violemment éprouvés.
Activité intense et rapide.
Volonté irréductible et énergie débordante.

ASC SAGITTAIRE

Grande puissance de travail et sens de la moralité.
Intelligence vaste, étendue, caractérisée par le sens de l'analyse.
Affectivité empreinte d'enthousiasme, de vivacité.
Emotions et sentiments profonds.
Activité intense et rapide, souvent méthodique.
Volonté ferme, puissante et secondée par une grande confiance en soi.

ASC CAPRICORNE

Intelligence pratique et matérielle.
Esprit persévérant, tenace et ingénieux.
Sociabilité et grande fidélité.
Grande constance des sentiments.
Activité particulièrement tenace et intense.
Sens des responsabilités.

ASC VERSEAU

Intelligence caractérisée par un intense activité intellectuelle.
Grande et remarquable curiosité intellectuelle.
« Coups de cœur et passions ».
Emotivité et sensibilité très vives.
Efforts empreints d'ingéniosité et d'originalité.
Sens de l'organisation et des responsabilités.

ASC POISSONS

Intelligence faite d'intuitions, de pressentiments.
Assimilation et compréhension favorisées.
Affectivité colorée de passion et de romantisme.
Sentiments puissants et profonds.
Force d'impulsion et énergie.
Efforts intenses et volonté ferme.

SAGITTAIRE

ASC BELIER

Intelligence caractérisée par un jugement précis et sûr.
Curiosité intellectuelle sans borne et intérêts multiples.
Sentiments et émotions profonds et sincères.
Affectivité marquée par de l'optimisme et de l'enthousiasme.
Activité rapide, intense et décidée.
Energie et force dynamiques et stimulantes.

ASC TAUREAU

Intelligence pratique, concrète et matérielle.
Jugement sûr et équilibré, sens de l'organisation.
Sensualité à « fleur de peau ».
Affectivité pleine de bonhomie, de bienveillance et d'optimisme.
Activité en général méthodique et ordonnée.
Efforts empreints de ténacité, de persévérance.

ASC GEMEAUX

Intelligence extrêmement mobile, subtile et empreinte de vivacité.
Imagination et intuition fécondes.
Emotions et sentiments vifs.
Grand sens de la diplomatie et de la courtoisie.
Efforts souvent souples et pleins d'ingéniosité et d'adresse.
Activité régulière et appliquée.

ASC CANCER

Intelligence empreinte de finesse et de sensibilité.
Intuition très appréciable et mémoire excellente.
Sentiments profonds, puissants et sincères.
Affectivité pleine d'enthousiasme et de passion.
Activité régulière et élans d'énergie.
Courage et efficience dans ses entreprises.

ASC LION

Intelligence synthétique et analytique.
Esprit empreint d'un idéal élevé dans tous les domaines.
Affectivité caractérisée par l'ardeur, la générosité et l'enthousiasme.

Sensibilité et émotivité puissantes et intenses.
Activité déterminée, intense et rapide.
Grande puissance de travail, confiance en soi.

ASC VIERGE

Intelligence pratique, réaliste et rationnelle.
Studieux, consciencieux, amoureux de la précision et de l'exactitude.
Finesse psychologique, grand sens de la diplomatie.
Sentiments et émotions vifs et sincères.
Activité ordonnée, méticuleuse et minutieuse.
Sens de l'ingéniosité, de l'organisation et de l'habileté.

ASC BALANCE

Intelligence intuitive et sensitive.
Aptitudes pour toutes les activités artistiques.
Affectivité empreinte de sensibilité et d'émotivité.
Sentiments et émotions profonds et intenses.
Chance qui peut favoriser la réussite.
Aptitudes pour l'organisation et la diplomatie.

ASC SCORPION

Intelligence concrète, orientée vers des domaines concrets.
Esprit tenace, persévérant et éminemment organisateur.
Sentiments et émotions vécus de façon instinctive.
Affectivité empreinte de fougue et de passion.
Efforts intenses et sous l'influence d'une énergie remarquable.
Grande combativité et goût de la lutte.

ASC SAGITTAIRE

Intelligence abstraite et orientée vers les domaines spirituels.
Jugement particulièrement rapide, sûr et précis.
Affectivité empreinte d'enthousiasme et d'optimisme.
Respect des usages et des convenances.
Activité où les efforts sont audacieux et efficients.
Confiance en soi dans ses entreprises.

ASC CAPRICORNE

Intelligence concrète, pratique et méthodique.
Grand sens des responsabilités, de l'ordre et de la justice.
Affectivité teintée de jovialité, d'enthousiasme et d'optimisme.

Amour de l'indépendance et de la liberté.
Activité intense et persévérante.
Energie déployée avec ordre, méthode, assiduité et conscience professionnelle.

ASC VERSEAU

Intelligence particulièrement vive, active et fine.
Assimilation et compréhension favorisées.
Chaleur débordante et passion puissante.
Très épris d'indépendance et de liberté.
Activité appliquée et régulière.
Energie diffuse, pleine de fantaisie et d'originalité.

ASC POISSONS

Esprit orienté vers les arts, la musique.
Intuition développée et pressentiments.
Affectivité débordante, empreinte de générosité, bienveillance.
Sentiments et émotions intenses et profonds.
Sens de l'organisation et de l'équilibre.
Efforts prolongés ou intenses dans ses entreprises.

CAPRICORNE

ASC BELIER

Intelligence active, rapide et intense.
Grande puissance de travail et esprit d'initiative.
Sentiments et émotions vécus avec fougue et passion.
Affectivité modérée par le « côté cérébral » du sujet.
Activité rapide et efficiente, mais aussi méthodique et ordonnée.
Confiance en soi et puissance de travail énorme.

ASC TAUREAU

Intelligence pratique, concrète et analytique.
Capacités de concentration et de réflexion développées.
Affectivité empreinte de bon sens et de fidélité.
Sentiments et émotions sincères et teintés de réserve.
Activité appliquée, ordonnée et méthodique.
Ambition non négligeable, clef de la réussite.

ASC GEMEAUX

Intelligence fine, précise et analytique.
Réflexion intense, concentration et ingéniosité.
Sentiments et émotions vifs.
Chaleur et profondeur dans le domaine affectif.
Activité intense, méthodique et appliquée.
Esprit d'invention et ingéniosité.

ASC CANCER

Intelligence orientée vers les domaines concrets.
Aptitudes pour la gestion et l'économie.
Affectivité tendant à une envie d'être aimé et d'aimer.
Instincts, sens et cœur... mots-clés de l'affectivité du sujet.
Activité décidée et intense.
Ténacité et persévérance, aptitudes pour le commerce.

ASC LION

Intelligence brillante, active et analytique.
Intellect synthétique, compréhension et assimilation aisées.
Charme et fierté dans le domaine affectif.
Affectivité empreinte de douceur et de bienveillance.
Activité extrêmement rapide, décidée et déterminée.
Très grande confiance en soi, patience et persévérance.

ASC VIERGE

Intelligence analytique, empreinte de logique et de raison.
Grande puissance de travail et grande curiosité intellectuelle.
Contrôle ses émotions et sentiments.
Aspire à une vie de couple traditionnelle.
Activité régulière et appliquée, caractérisée par de l'ingéniosité.
Sens des responsabilités, de l'économie et de l'organisation.

ASC BALANCE

Intelligence pratique et orientée vers les arts.
Esprit réfléchi, sérieux et méthodique.
Affectivité caractérisée par la compréhension et la courtoisie.
Sentiments et émotions vifs et sincères.
Energie, méthode et conscience professionnelle.
Activité régulière et appliquée.

ASC SCORPION

Intelligence aiguisée, analytique et empreinte d'argumentation.
Curiosité intellectuelle puissante.
Emotions et sentiments vifs et violents.
Affectivité sous l'influence de la douceur et du calme.
Activité alliant une intensité peu commune et un fort esprit de décision.
Combativité, ténacité et fermeté exceptionnelles.

ASC SAGITTAIRE

Intelligence méthodique, précise et pratique.
Aptitudes pour les professions se rattachant à la loi, aux banques, à la politique.
Affectivité empreinte d'élans d'enthousiasme et de joie.
Profondeur et fidélité dans ses amours.
Activité intense et décidée.
Méthode, application, ordre et sens de l'organisation.

ASC CAPRICORNE

Intelligence ambitieuse, volontaire et déterminée.
Savoir étendu et vaste érudition.
Sentiments et émotions constantes.

Besoin impérieux d'aimer et de se sentir aimé.
Activité rapide, régulière et assidue.
Beaucoup de sens pratique, sens des responsabilités et de la logique.

ASC VERSEAU

Intelligence active, fine et sensible.
Esprit sérieux, profondeur et souplesse.
Sentiments et émotions sous l'influence de la raison.
Affectivité empreinte du « côté cérébral » du sujet.
Activité extrêmement mobile, décidée et rapide.
Energie considérable et volonté de parvenir à la réussite.

ASC POISSONS

Intelligence fine, sensible et intuitive.
Sensibilité intellectuelle d'où un intérêt pour le domaine des arts.
Besoin d'affection et de tendresse.
Sensibilité vive et puissante.
Activité caractérisée par l'ordre et la méthode.
Ambition, stimulant important dans ses entreprises.

VERSEAU

ASC BELIER

Intelligence particulièrement active, vive et intuitive.
Compréhension et assimilation extrêmement aisée.
Affectivité vive et intense, sujette aux « coups de foudre ».
Sentiments spontanés et sympathies.
Activité rapide, fougueuse et teintée d'une certaine originalité.
Efforts intenses, volontaires et énergiques.

ASC TAUREAU

Intelligence intuitive et très sensitive.
Esprit sensible aux domaines artistiques et esthétiques.
Raffinement et sensibilité dans le domaine affectif.
Emotions et sentiments vifs.
Activité régulière et appliquée.
Efforts persévérants et efficients.

ASC GEMEAUX

Intelligence exceptionnellement brillante, mobile, fine et active.
Curiosité intellectuelle très puissante.
Sociabilité et vie sentimentale importante.
Douceur, chaleur et tendresse.
Activité souple, rapide et mobile.
Volonté dans ses entreprises.

ASC CANCER

Intelligence souple, active et intuitive.
Capacités d'invention et d'imagination importantes.
Affectivité vive et intense.
Sentiments et émotions profonds.
Volonté ferme et efficiente dans ses entreprises.
Confiance en soi et courage dans ses réalisations.

ASC LION

Intelligence brillante, s'orientant vers des domaines très variés.
Esprit mobile, rapide, d'ingéniosité et d'invention.
Affectivité ardente, fière et généreuse.
Sentiments et émotions vécus avec intensité, profondeur.
Activité souple, rapide mais aussi décidée et déterminée.
Efforts énergiques et efficients dans ses entreprises.

ASC VIERGE

Intelligence concrète, analytique.
Curiosité intellectuelle très grande et capacités d'invention.
Générosité et compréhension.
Affectivité empreinte de bienveillance et de douceur.
Grand sens de l'innovation, de l'ingéniosité.
Sens pratique et dons d'organisation, clefs de la réussite professionnelle.

ASC BALANCE

Intelligence mobile, vive et intuitive.
Aptitudes artistiques et intérêt pour musique et peinture.
Sentiments et émotions vifs et intenses.
Grands attachements et passions indestructibles.
Aptitudes créatrices et inventives.
Sens de l'opportunité pouvant aider à la réussite professionnelle.

ASC SCORPION

Intelligence analytique, sens de l'argumentation.
Capacités de création et d'invention développées.
Sentiments et émotions vifs et passionnés.
Affectivité empreinte de jovialité et de douceur.
Activité débordante, intense et rapide.
Volonté puissante et raison ferme.

ASC SAGITTAIRE

Intelligence active, méthodique et analytique.
Sentiments humanitaires, sens de la fraternité capital.
Affectivité généreuse et bienveillante.
Emotions et sentiments sincères et profonds.
Activité intense, énergique et diffuse.
Efforts ordonnés, appliqués et méthodiques.

ASC CAPRICORNE

Intelligence réfléchie, modérée et concrète.
Concentration, patience et capacités d'invention.
Passions dévorantes, sensualité puissante.
Manifestations affectives et émotionnelles.
Efforts extrêmement réguliers et appliqués.
Volonté sans faille dans ses entreprises.

ASC VERSEAU

Intelligence exceptionnellement mobile, souple et intuitive.
Raisonnement précis, juste et sûr.
Sensualité puissante.
Très entier sur le plan affectif.
Activité importante et puissante.
Originalité dans ses créations et entreprises.

ASC POISSONS

Intelligence mobile, fine et très intuitive.
Esprit très vif et sensibilisé pour les domaines artistiques.
Affectivité vive et intense.
Générosité, bienveillance et compréhension.
Activité régulière et appliquée.
Volonté ferme et puissante dans ses entreprises.

POISSONS

ASC BELIER

Intelligence vive, rapide et intuitive.
Assimilation et compréhension aisées.
Passions et sens débordants.
Sentiments et émotions ressentis avec intensité.
Activité rapide, efficiente et régulière.
Ambition motivée dans ses entreprises.

ASC TAUREAU

Intelligence à tendance plutôt pratique et orientée vers des domaines matériels.
Sens artistique et esthétique très prononcé.
Sentiments et émotions empreints de fidélité, de constance et de profondeur.
Sens de la beauté, de l'amour sous toutes ses formes.
Activité intense et rapide.
Efforts réguliers et appliqués.

ASC GEMEAUX

Intelligence mobile, vive, rapide et intuitive.
Souplesse dans ses réactions.
Affectivité spiritualisée et teintée d'un soupçon de logique.
Sensibilité et émotivité extrêmement raffinées.
Activité souple et mobile.
Patience et persévérance dans ses entreprises.

ASC CANCER

Intelligence essentiellement intuitive et sensitive.
Sens artistique et esthétique prononcé.
Affectivité exceptionnellement vive et sensible.
Réceptivité, sensibilité et émotivité très développées.
Confiance en soi, réalisme, énergie et audace.
Ténacité et sens de l'organisation dans ses entreprises.

ASC LION

Intelligence synthétique, curiosité intellectuelle étendue.
Intellect rayonnant, intuitif et réceptif.
Affectivité empreinte de bonté, de générosité et de largesse.

Sentiments teintés de chaleur, de bienveillance.
Activité décidée et déterminée.
Efforts énergiques et efficients.

ASC VIERGE

Intelligence orientée vers divers objectifs.
Curiosité intellectuelle grande et éclectique.
Générosité et sensibilité.
Beaucoup de réceptivité et de douceur.
Activité méthodique, appliquée et consciencieuse.
Sens de l'organisation dans ses entreprises.

ASC BALANCE

Intelligence fine, sensible, intuitive et s'orientant vers le « beau ».
Intuition très prononcée, raisonnement juste et précis.
Affectivité empreinte de bonté, de douceur et de générosité.
Besoin d'amour et de sympathie.
Energie et confiance en soi dans ses entreprises.
Activité régulière et appliquée.

ASC SCORPION

Intelligence curieuse et avide de tout.
Intérêts pour les sciences occultes.
Affectivité sous le signe de la passion.
Sentiments et émotions vifs et soudains.
Activité décidée et déterminée.
Efforts intenses et énergiques.

ASC SAGITTAIRE

Intelligence s'orientant vers les problèmes humains.
Intellect caractérisé par un jugement sûr et une facilité d'assimilation.
Affectivité teintée d'enthousiasme et d'optimisme.
Sentiments et émotions intenses et profonds.
Chance présente dans le domaine de l'activité.
Efficacité, ordre et succès dans ses créations.

ASC CAPRICORNE

Intelligence à la recherche constante de méthode, de réflexion et de concentration.
Esprit se voulant logique, raisonnable et appliqué.

Secret, confidentiel, intériorisé.
Fidèle, responsable dans ses affections.
Activité décidée et déterminée.
Efforts appliqués et méthodiques.

ASC VERSEAU

Intelligence fine et curiosité intellectuelle étendue.
Aptitudes pour les sciences occultes.
Sentiments humanitaires, de fraternité et d'altruisme.
Besoin profond de « s'intéresser au monde ».
Activité mobile, rapide et efficace.
Sens de l'organisation, aide à la réussite professionnelle.

ASC POISSONS

Intelligence exclusivement intuitive et sensitive.
Aptitudes artistiques et grande intuition.
Affectivité intense, vive et profonde.
Emotivité et sentimentalité exceptionnellement développées.
Placide, vit au jour le jour, peu réaliste.
Intuition pour découvrir des affaires « qui marchent ».

2/2 CARTOMANCIE – TAROMANCIE

•

DIVINATION PAR LES CARTES
– jeu de piquet et arcanes du tarot –

•

LE DESSOUS DES CARTES...

On ne voit jamais le dessous des cartes. Et pour cause ! Ce sont elles qui expliquent l'« envers caché des choses ».

La cartomancie a des relations avec la divination par les dés ou par les osselets, dans la mesure où des symboles apparaissent et sont à interpréter.

L'utilisation du marc de café ou des tâches d'encre relève de la même technique divinatoire qui est la lecture de symboles.

L'atout – sans jeu de mot ! – de la divination par les cartes est de permettre une lecture de l'inconscient collectif et de l'inconscient personnel au moyen d'« archétypes ».

On appelle ainsi des énergies mémorisées dans les profondeurs de la psyché, là où se trouve l'inconscient collectif, ce qui explique qu'elles sont communes à tous les êtres humains.

Ces archétypes sont des symboles fondamentaux que l'on retrouve dans les arts sacrés, les religions et bien sûr la psychologie et la psychanalyse.

Les archétypes – il y en a une cinquantaine – correspondent aux grands thèmes de l'existence : la naissance, la vie, la mort, l'amour, les enfants, les parents, les maladies, la richesse, le ciel, la terre, etc.

Ce sont ces grands modèles éternels, ces images et symboles ancestraux que l'on retrouve dessinés sur les cartes, notamment les cartes du tarot.

Voilà pourquoi les cartes des jeux de piquet et de tarot contiennent un enseignement ésotérique irremplaçable.

Notamment les 22 arcanes majeures correspondent aux étapes d'une destinée révélée par les symboles de la carte. Il peut y avoir lutte, satisfaction, progression, arrêt... Les différentes étapes correspondent à une évolution initiatique vers un objectif propre à chacun.

La finalité du parcours initiatique proposé par le tirage des cartes et l'apparition des symboles est de donner au consultant sa « voie » de la sagesse, et cela dans l'acquisition d'une double maîtrise : celle de son univers personnel et celle du monde extérieur.

DIVINATION PAR LES CARTES DU JEU DE PIQUET

Quelles sont les interprétations des cartes du jeu de piquet lorsqu'elles sont utilisées comme outils de divination ?

Les 32 cartes du jeu de piquet sont réparties en quatre collections : carreaux, cœurs, trèfles, piques.

Chaque carte possède un message qui servira au cartomancien pour bâtir une analyse mantique.

INTERPRETATIONS DES CARTES

Les huit carreaux

As

Carte d'un message, d'une communication.

L'as de carreau est aux cartes ce que Mercure est à la mythologie... il indique qu'il va se passer quelque chose, il est le signe avant-coureur, annonciateur d'un nouvel état, d'une nouvelle situation ou de nouveaux sentiments qui sont « programmés » par le destin et qui vont être dévoilés sous forme de lettres, de conversations, de propositions diverses.

Roi

Carte-message suggérant un personnage masculin au caractère difficile, capable de méchanceté et de traîtrise.

Il ne s'agit pas d'un parent mais plutôt d'une relation d'affaires ou d'une personne gravitant dans l'entourage.

Cette carte annonce de la malveillance, de l'agressivité et des emportements.

Attention aux méchantes langues et aux vilains tours.

Dame

Carte-message proposant un personnage ayant les mêmes défauts et inconvénients que celui du roi de carreau, mais au féminin.

Valet

Carte-message annonçant la présence d'un adolescent, d'un homme encore jeune, flatteur, intéressé, pas forcément méchant mais infidèle et capable de parjure.

Ce personnage peut être un messager – un facteur par exemple – porteur de lettres qui cautionnent des mensonges et des propos illusoires.

Attention à la « poudre aux yeux », à des calculs trop individualistes et à des histoires à dormir debout.

Dix

Carte-message de voyages, d'affaires commerciales à traiter, de routes à prendre.

Le message est à la détente, à des contacts bénéfiques et plaisants. Il peut s'agir de petits déplacements comme de voyages autour du monde.

L'idée de mouvement devant seule être retenue, il peut être question d'animation, de rencontre et de changement de décor de vie.

Cette carte, dix de carreau, peut être illustrée par cette pensée de Lévi-Strauss : « Un voyage s'inscrit simultanément dans l'espace, dans le temps et dans la hiérarchie sociale ».

Neuf

Carte-message de réussite.

Il s'agit d'une excellente carte qui annonce le succès des projets, aussi bien dans le domaine des affaires financières et professionnelles que dans celui des sentiments. Comme « c'est le succès qui fait les grands hommes », le consultant est assuré d'en devenir un.

Huit

Carte-message d'un déplacement financièrement fructueux.

Une idée d'argent, de résultats bien palpables est proposée. Il peut s'agir de rentrée d'argent par courrier – l'évocation de mobilité est alors observée – ou de transactions et de marchés se concluant par des intermédiaires. La carte parle « d'affaires en or et argent... »

Sept

Carte-message d'une présence – plutôt féminine – qui apporte des petits plaisirs et des petites satisfactions au quotidien.

Cette carte a peu d'importance seule, mais intervient favorablement dans les associations de cartes.

Les huit cœurs

As

Carte-message d'une joie de vivre, d'aimer et d'exister.

Elle explique que tout ce qui est l'existence présente du consultant est bénéfiquement influencé. Il faut donc comprendre le consultant lui-même mais aussi sa maison, son entourage proche.

Roi

Carte-message indiquant qu'un personnage masculin « veut du bien » et même plus au consultant.

Il peut s'agir d'un mari, d'un amant, d'un ami qui existe déjà, à moins que le roi en question ne soit cet homme de l'entourage qui a toutes les chances et les qualités pour devenir le mari et l'amant rêvé de la consultante ou l'ami souhaité.

Dame

Carte-message proposant les mêmes atouts que ceux du roi de cœur, mais au féminin.

Il peut donc s'agir de telle jeune femme ou dame de l'entourage du consultant, qui est destinée à devenir l'épouse, l'amante et l'amie dévouée, tendre et fidèle.

Valet

Carte-message de l'amitié.

Il peut s'agir, pour une consultante, d'une connaissance de préférence masculine, d'un fils, d'un fiancé. Cette carte annonce de la sincérité, du dévouement et de la fidélité.

Mais le contrat d'amitié que propose le valet de cœur n'est pas unilatéral. En effet, cette carte demande de « semer de l'amitié afin d'en recueillir le fruit... » comme l'écrit Honoré d'Urfé.

Dix

Carte porte-bonheur.

Cette carte n'a pas d'autre utilité que de dire au consultant « vous êtes protégé ». Il ne faut pas lui prêter des messages très ou trop importants mais la conserver comme talisman qui, au dernier moment, donnera une issue favorable aux problèmes.

Neuf

Carte-message de victoire.

L'annonce est mieux qu'un succès, elle parle de triomphe.

Cette carte, sortant dans une consultation, gomme les problèmes, supprime les obstacles ; elle informe le consultant qu'il « gagnera la partie » de son existence qu'il est en train de jouer et qu'il viendra à bout de toutes les difficultés.

Huit

Carte-message de résultats.

Il ne s'agit plus de providence triomphante mais de conséquence favorable. Si le consultant a travaillé avec volonté et intelligence dans un domaine précis, la carte lui indique qu'il obtiendra des profits.

Cette carte annonce la conclusion positive des entreprises, à condition que le consultant le mérite... mais elle l'informe que la providence sera très bienveillante !

Sept

Carte-message d'une présence, de préférence féminine, pouvant être d'un bon conseil pour le consultant.

Cette carte est au féminin ce que le valet de cœur est au masculin : symbole d'amitié, de dévouement et de fidélité.

Pour le consultant homme, le message d'amitié se colore d'amour, de tendresse. Il n'est pas exclu qu'il rencontre au détour de son instant présent d'existence, la jeune femme aimée en rêve, la femme de sa vie qui n'est encore, selon le langage symbolique des cartes, qu'une « adolescente ».

Les huit trèfles

As

Carte-message de chance.

Il y a dans le succès, les triomphes, les résultats, une part de chance. La part de la chance est souvent mal définie mais c'est elle qui donne cette impression de bonheur, cet état ensoleillé que l'on remarque chez ceux qui « réussissent ».

La carte annonce que les circonstances sont favorables au consultant pour qu'il entreprenne, qu'il mette en chantier ses espérances et ses souhaits. A l'occasion de ce « tirage au sort », la providence lui indique qu'il est « né sous une bonne étoile » qui ressemble à un trèfle !

Roi

Carte-message d'une présence « atout-cœur » au masculin.

Il est tendancieux de présumer qu'Alexandre – c'est le nom du roi de trèfle – est un homme brun, mais nombre de guides précisent que la présence amicale, à défaut d'être amoureuse, mais de toute manière bénéfique, et plus que favorable au consultant, pourrait bien être une personne blonde !

Cette carte annonce que, dans l'entourage de la consultante, se trouve ou se trouvera un personnage – homme de préférence – qui pourra devenir le mari souhaité tout haut, l'amant rêvé en secret...

Quand il s'agit d'un consultant, le roi de trèfle apparaîtra sous l'apparence d'un ami sincère, d'une présence réconfortante et efficace.

Dame

Carte-message d'amitié et d'amour – au féminin.

La dame de trèfle possède les mêmes arguments que le roi de trèfle mais au féminin. Elle peut donc annoncer au consultant une présence féminine qui se trouve dans son entourage, et qui lui veut « beaucoup de bien ».

Il peut s'agir d'amour, de tendresse, d'amitié selon les dispositions de cœur du consultant. Mais d'une manière générale, l'amour est au bout du jeu...

De plus, cette carte peut être considérée comme un faire-part de mariage pour un homme, tant elle possède de charge amoureuse et sexuelle.

Valet

Carte-message d'amitié.

Il peut s'agir aussi d'un parent, d'un fils, d'un ami, d'un compagnon de travail... La parole est à la sympathie et à l'aide en cas de besoin. Selon les subtilités de l'interprétation, inventées par l'art du devin, cette carte pourrait aussi signifier que le consultant peut avoir confiance en lui-même puisqu'il est écrit : « on n'est fidèle qu'à soi-même ».

Dix

Carte-étalon argent.

Cette carte annonce des rentrées financières sous les formes les plus diverses. Les revenus prévus peuvent être des gains licites, des bénéfices commerciaux ou autres, des intérêts divers mais aussi des héritages, des sommes d'argent « tombées du ciel ».

Le moment est aux jeux de bourse, de loterie, de casino... mais que le consultant n'oublie pas que Dame Fortune étant aveugle, cette carte de crédit ne durera pas jusqu'à la fin des temps.

Neuf

Carte-message de voyages profitables.

Cette carte peut être vue comme la carte grise ou la carte de circulation du jeu ! Elle annonce au consultant des déplacements bénéfiques, des déplacements tous azimuts dont les buts auront une odeur financière.

L'expression « avoir du trèfle » semble avoir été créée pour cette carte ! D'autre part, une idée de cadeaux à recevoir est proposée.

Huit

Carte-message d'acquisition matérielle.

Le consultant est averti que ses travaux, ses peines et ses efforts lui sont maintenant comptabilisés. Il touchera les justes gains de ses ouvrages. La carte annonce également que les positions et les avancements espérés sont en passe de se réaliser.

Sept

Carte-message de petits profits.

Cette carte propose des petits résultats, des petits gains du quotidien. Ce n'est ni le gros lot, ni un trésor mais d'excellents produits au présent immédiat.

Une idée d'intermédiaire – de préférence féminine – est suggérée par cette carte. Il n'est donc pas impossible que le consultant soit assuré de cumuler et l'amour et l'aisance financière... à l'occasion d'une rencontre.

As

Carte-message de problèmes, de tristesse et de deuil.

Cette carte, noire d'aiguillons venimeux, symbolise la fatalité et les événements contre lesquels la volonté du consultant ne peut rien. Les formes de la fatalité sont multiples : déterminisme de la nature – accidents, problèmes physiques et toutes les tyrannies du corps – fatalités des passions – amour, jalousie, ambition, orgueil... – fatalité sociale – servitude, familiale, guerre, problèmes sociaux...

Le consultant trouvera dans cet inventaire, qui n'est jamais terminé, l'événement marqué au noir des mauvaises destinées.

Mais cette carte, qui indique une prédestination fatale à laquelle le consultant semble ne pas pouvoir échapper, porte en elle-même une grâce toute puissante. Car pourquoi apparaît-elle, sinon pour informer le consultant qu'il doit prendre des dispositions pour, non pas échapper aux « fatalités », mais pour s'y préparer, les analyser et pourquoi pas les surmonter.

Roi

Carte-message d'une justice immanente.

Il s'appelle David et il est roi de pique. En sa qualité de magistrat et de haut fonctionnaire de l'ordre des cartes, il annonce au consultant des problèmes non seulement juridiques mais aussi sentimentaux et humains. Il pourra s'agir de difficultés avec des administrations de toutes sortes, des employeurs, des hommes de justice. Ils seront de préférence hommes sévères, peu agréables à fréquenter et rarement bons.

Dame

Carte-message de tristesse et de tourment.

Cette dame de pique est taciturne. Elle annonce des mélancolies et des afflictions à tous les niveaux. Il peut s'agir d'une crise de pessimisme et de désespoir, d'un moment de déprime. Mais Pallas – c'est son nom – est là pour donner des conseils à la manière des « remèdes de bonne femme ».

Elle indique au consultant que ce moment de tristesse n'est pas là comme par enchantement, mais qu'il est le résultat d'une mauvaise administration de sa vie personnelle, vie de cœur, d'affaires, spirituelle... et que des procédés existent contre ces angoisses, à condition qu'elles ne deviennent pas prétextes à volupté, à autodestruction et à décadence. Et il appartient au consultant de les découvrir tout le long du déroulement du jeu.

Valet

Carte-message d'une présence, d'une circonstance ou d'un moment préoccupants.

Cette carte annonce des humeurs pessimistes. Le consultant est en contact avec des personnages en clair-obscur, pas toujours méchants mais un peu hypocrites. Qu'il ne fasse pas de confidences, qu'il reste sur la réserve, qu'il ne quémande pas des aides à des personnes en qui il ne peut avoir confiance.

Dix

Carte-message d'ambiances occultes.

Cette carte informe le consultant que des événements mystérieux, parce qu'imprévisibles, se préparent. Parallèlement, le conseil est au secret des desseins et des sentiments ; que le consultant soit lui-même mystérieux. D'autre part, cette carte, symbole de tout ce qui est occulte et enfoui dans l'inconscient, invite le consultant à fouiller dans sa vie et dans ses souvenirs et également dans ceux de son entourage, afin de trouver des clés qui lui permettront de trouver des réponses à ses problèmes et à ses inquiétudes.

Attention enfin à une idée d'emprisonnement qui peut-être sous-jacente aux mots occulte et mystère.

Neuf

Carte-message de rupture.

Il est annoncé au consultant des « mises en morceaux ». Il peut s'agir de sentiments : dans ce cas, un divorce ou une séparation est prévisible ; de projets et de réalisations : dans ce cas, les mots faillite, démission sont mis en évidence. Il peut s'agir enfin de fractures physiques ou morales à l'occasion d'accidents, de problèmes de santé ou de dépression.

Mais cette carte n'est pas que de mauvais augure car une mise hors d'usage ou une rupture annonce, par la loi des contraires du jeu de la vie, une renaissance.

Huit

Carte-message des larmes.

Ce huit de pique pleure toutes les larmes de son corps épineux. Il indique au consultant des problèmes de sensibilité, des crises de désespoir et des mauvaises surprises.

Cette carte fait l'éloge des larmes en prévoyant des moments pénibles. Il pourra s'agir de mauvaises nouvelles, de la perte d'un objet, d'un sentiment, d'un projet ; de querelles qui n'en finiront plus, d'amertume si le consultant ne tient pas compte de cette information pour prendre des précautions, se prémunir et refuser les rencontres par trop grinçantes.

Sept

Carte-message d'inquiétude.

L'information n'est pas dramatique. Elle indique que les rapports seront troublés par des petits tracas et des difficultés minimes. Rien d'alarmant, mais cette carte est le signe avant-coureur d'un état de mélancolie et de tristesse qui pourra être corrigé.

LES ARCANES DU TAROT

INTERPRETATIONS DES ARCANES DU TAROT

Le Bateleur

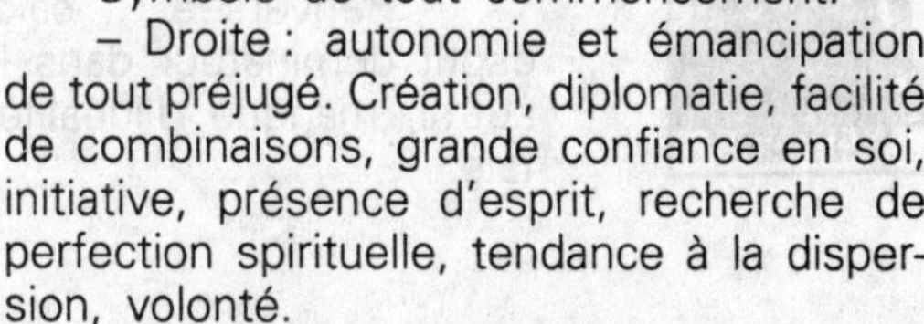

Symbole de tout commencement.

– Droite : autonomie et émancipation de tout préjugé. Création, diplomatie, facilité de combinaisons, grande confiance en soi, initiative, présence d'esprit, recherche de perfection spirituelle, tendance à la dispersion, volonté.

– Renversée : absence de scrupules, discussions, disputes, erreurs, illusions, opérations malencontreuses.

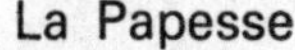

La Papesse

Symbole de modestie, de discrétion et de méditation. Représente l'épouse du consultant.

– Droite : assurance de triompher, beauté des sentiments, capacité d'analyse, intégrité, patience toujours récompensée, sincérité.

– Renversée : passivité néfaste, voire résignation.

L'Impératrice

Symbole de l'intelligence supérieure et également symbole de richesse et de fécondité.

– Droite : c'est la carte de l'action, compréhension, coquetterie, équilibre entre intelligence et sagesse, fécondité et bonheur, influence bénéfique, pensée féconde et créatrice.

– Renversée : désaccord, litige, prodigalité, problème mal compris.

L'Empereur

Symbole de l'ordre et de la justice, cette carte représente également la force et le pouvoir.

– Droite : générosité, perfectionnement spirituel, sens pratique, volonté de réalisation.

– Renversée : calculateur, despote, esprit dominateur dans le but d'influencer autrui, manque d'idéalité, masculinité brutale.

Le Pape

Symbole de sagesse. C'est peut-être un directeur de conscience, un médecin de l'âme.

– Droite : affection solide, apaisement d'un tourment, autorité, protection extérieure, secret dévoilé, stabilité.

– Renversée : matérialisme, retard dans les projets.

L'Amoureux

Symbole de l'union et de l'épreuve. Antagonisme entre le bien et le mal.

– Droite : amour des belles formes, choix dans le domaine affectif, hésitation, mariage, sentimentalité.

– Renversée : signification du chaos, fausses promesses, infidélité, obscurité, rupture d'une relation amoureuse, séparation du couple.

Le Chariot

Symbole de victoire et de triomphe.

– Droite : ambition, avancement, évolution, grande activité et rapidité dans les actions, honneurs, protection assurée, réussite par mérite personnel, situation enviable, succès, victoire sur soi-même.

– Renversée : confiance en soi excessive, danger d'accident, ennuis dans la famille, inconduite, problèmes personnels.

La Justice

Symbole d'équité.

Cette carte peut représenter un homme de loi, un fonctionnaire.

– Droite : clarté de jugement, réussite dans les affaires.

– Renversée : condamnation injuste, ennuis de santé, déception, sécheresse.

L'Ermite

Symbole de prudence et de méfiance.

– Droite : il peut s'agir d'un médecin expérimenté, d'un philosophe, d'une personne pouvant donner conseil. Célibat, esprit profond, repli sur soi-même, recherche de spiritualité, solitude dans un sens général.

– Renversée : avarice, découragement, misanthropie, pauvreté, scepticisme.

La Roue de Fortune

Symbole de la fortune mais avec des alternatives de hauts et de bas, la roue étant en perpétuel mouvement.

– Droite : c'est la meilleure carte du jeu. C'est la carte du destin propice, de la chance saisie au vol. Elle signifie aussi puissance, volonté, heureux changement de fortune, progression et réussite.

– Renversée : elle peut être un avantage passager ou un changement de fortune en mal.

Fortune et retard, instabilité.

La Force

Symbole de la force spirituelle, morale, des âmes fortes.

– Droite : elle indique une puissance de conquête, une volonté de vaincre. Réussite par le travail à force d'énergie, de volonté et d'action.

Activité intense, résultats favorables.

– Renversée : cruauté, perte de travail, vantardise, victime des forces supérieures.

Le Pendu

Symbole du sacrifice, de la discipline et de la soumission aux lois.

– Droite : asservissement au devoir et non aux passions. Désintéressement, élévation spirituelle, oubli de soi-même, sacrifice consenti.

– Renversée : amour non partagé, illusion, manque de détermination, mirage, projets irréalisables, sacrifice imposé, utopie.

La Mort ou carte sans nom

Symbole de changement radical. Nouvelle vie. Idée de « mort symbolique » de l'ancienne.

– Droite : arrêt de quelque chose, ascétisme, deuil, dispersion, fin d'un amour, d'une liaison, d'une amitié, fin nécessaire, héritage, initiation, lucidité, maîtrise, mélancolie, mort initiatique, renouvellement spirituel, transformation.

– Renversée : déception, échec, fatalité, maladie grave, ruine.

La Tempérance

Symbole des changements de la vie, des saisons.

– Droite : apaisement d'esprit, évolution, esprit de conciliation, facilité d'adaptation, initiative, souplesse, stabilité.

– Renversée : désaccord, divorce, légèreté de caractère, nature instable, oppositions, prodigalité.

Le Diable

Symbole de l'attraction des sens, le vice et la vertu, le bien et le mal.

– Droite : il peut s'agir d'un personne possédant un magnétisme sexuel. Luxure, perversion, succès et conquête amoureuse obtenus souvent par des moyens de pression.

– Renversée : affaires louches, abus de confiance, bouleversements, désordre.

La Maison Dieu ou la Tour

Symbole des ambitions démesurées, du châtiment, de l'orgueil, de la rupture d'un équilibre.

– Droite : accaparement, accident, châtiment, dogmatisme étroit, héritage, matérialisme, mégalomanie, poursuite de chimères.

– Renversée : coup de théâtre, oppression, servitude, projet arrêté.

L'Etoile

Symbole de la renaissance spirituelle, perfection issue de trois rayonnements : l'espoir, l'amour et la vérité.

– Droite : charme, culte du beau, esthétique, influences astrales, intuition, jeunesse, pressentiments, protection occulte.

– Renversée : réussite.

La Lune

Symbole des dangers.

– Droite : caprice, doute, faux savoir, émotivité, mystère, situation équivoque.

– Renversée : prudence dans les initiatives et les projets.

Le Soleil

Symbole de la paix et de la félicité, symbole également de la vie psychique.

– Droite : désir de paraître, idéalisme, gloire, goûts et talents artistiques, harmonie totale, grandeur d'âme, rayonnement, réussite, triomphe.

– Renversée : instabilité, susceptibilité, vanité. Elle peut également indiquer que tout finira par s'arranger.

Le Jugement

Symbole de résurrection, de changement, elle symbolise également l'examen de conscience.

– Droite : équilibre, relèvement, renaissance, renouveau, renommée, réputation, stabilité.

– Renversée : erreur sur soi-même.

Le Monde

Symbole : cette carte symbolise l'aboutissement de l'initiation, la métamorphose de l'initié.

Elle représente le consultant ou la consultante.

– Droite : achèvement, inspiration, maîtrise, puissance, récompense, réussite complète, succès et mondanités.

– Renversée : difficultés, encombrements, insuccès, sacrifice.

Le Fou ou le Mat

Symbole de l'inconscient, de l'innocence.

– Droite : déséquilibre, désordre, extravagance, création et imagination, inaptitude à se diriger, ignorance, insécurité, irresponsabilité, passivité, perte du libre arbitre, vanité.

– Renversée : complications, gâchis, incohérence, folie.

EXEMPLE DE TIRAGE DE CARTES PAR LE TAROT

Schéma

L'Impératrice
Arcane III positionné à gauche
L'avocat de la défense, soit les aides, les protections...

Le Jugement
Arcane XX positionné à droite
L'avocat général, soit les ennemis, ce qui est contre...

La Tempérance
Arcane XIV positionné en haut
Le juge, le jury, soit les délibérations, les discussions...

La Justice
Arcane VIII positionné en bas
Les codes, soit les risques matériels, ce qui peut arriver « réellement »...

L'Ermite
Arcane IX positionné au centre
(3 + 20 + 14 + 8 = 45
4 + 5 = 9)
La synthèse, les résultats.

Supposons que le consultant ait posé la question suivante :
« Vais-je me marier avec la personne que je connais ? »

Le cartomancien en possession d'un « tirage de cartes » comme celui de l'exemple pourra faire l'interprétation suivante :

1re carte : L'Impératrice, arcane III à gauche

La carte est symboliquement féminine, d'où des idées de compréhension, de charme, de fécondité. Mais le message est aussi à la réflexion et à la connaissance, car le thème de la carte étant à la « pénétration », il est suggéré une fertilité de pensée, des créations en tout genre.

Mal accompagné, l'arcane propose des brouilles, des discussions sur tout et sur rien qui n'en finissent plus, donc des retards.

Or, cet arcane, l'Impératrice, se trouve « à gauche », là où l'avocat de la défense affirme, plaide pour, aide et protège.

La première phrase de l'interprétation peut donc être :

« ...*Vous êtes assuré de réussir vos projets de mariage dans la mesure où cette éventualité vous est favorable. De plus, vous serez aidé pour réussir cette espérance par des personnes de très bon conseil, pourquoi pas une femme ayant une certaine autorité...* »

2e carte : Le Jugement, arcane XX à droite

La carte parle d'elle-même. Les messages parlent de stabilité et d'équilibre. Le consultant est informé qu'il se trouve dans une période de renaissance et de rétablissement de toutes ces énergies. Un message de renommée, de rayonnement et de « publicité personnelle » s'y ajoute. Mais surtout, cet arcane demande au consultant de se juger lui-même, de comparer ses capacités et les réalités, de faire une sorte d'examen de conscience.

Or, sur cet arcane, le Jugement se trouve « à droite », là où l'avocat général explique les dangers et les faiblesses du consultant. La carte expose ce qui est contre les projets. La deuxième phrase de l'interprétation pourrait être :

« ...*Il n'est pas impossible que ce mariage – puisque telle est la question du consultant – apporte un équilibre que le consultant ne possédait pas. De plus, cette union ne sera pas sans permettre au consultant une élévation à laquelle il n'est peut-être pas insensible. En fait, il n'y a rien de défavorable à ce projet, puisque d'une manière générale, la carte Le Jugement est de bon augure, mais si le mariage échoue, le consultant ne devra s'en prendre qu'à lui-même en fonction de ses incompétences, de ses erreurs et de ses vantardises... »*

3ᵉ carte : La Tempérance, arcane XIV en haut

La carte donne un message de renouveau et de transformation, notamment dans le cadre et le style de vie. Avec cette information importante que le « transvasement » – comme l'illustre si bien l'Ange de la carte faisant passer un liquide d'un vase dans l'autre – est en faveur d'un épanouissement et d'une qualité d'existence supérieure. Attention cependant à des excès de facilité, à trop d'instabilité et à une attitude de laisser-aller.

Or, cet arcane, La Tempérance, se trouve « en haut », là où le juge et le jury délibèrent, discutent, examinent et où les preuves et les circonstances sont analysées. La troisième phrase de l'interprétation pourra donc être :

« ... Le projet de mariage sera très certainement favorable au consultant; cette affirmation confirmant d'ailleurs ce qui a été dit lors de l'analyse de la première carte.

Le consultant verra tout son système de vie amélioré. Mais le conseil est à l'examen de chaque détail qui entrera dans l'élaboration de cette période de renouveau, car tout semblera trop facile et c'est là où se glisseront des pièges, des imprévoyances, des dépenses inconsidérées... »

4ᵉ carte : La Justice, arcane VIII en bas

Cette carte contient des messages précis : présence d'hommes de Loi, fonctionnaires, idée de contrat et de conformité à des lois et des principes.

Inversement, elle suggère, lorsqu'elle est en mauvaise compagnie, la perte d'un procès, voire même une tentative d'escroquerie. Or, cet arcane, la Justice, se trouve installé « en bas », là où un message avant-dire-droit peut être interprété.

La quatrième phrase de l'interprétation, compte-tenu de l'ambiance générale positive du jeu, pourra être ainsi libellée :

« ...Le projet de mariage semble pouvoir se concrétiser puisque l'on parle de fonctionnaire et de contrat. Il est à prévoir une cérémonie en bonne et due forme, des contrats dans les règles de l'art... »

5e carte : L'Ermite, arcane IX au centre

La carte donne un message de prudence et de discrétion. Elle invite même à l'austérité et à la chasteté ! L'Ermite peut être un médecin, un conseiller psychologique, pourquoi pas ce devin que le consultant est en train d'écouter. Que vient faire cet Ermite dans la synthèse et la consultation de l'oracle ?

Une cinquième phrase est proposée, qui englobe les quatre premières, comme le ferait un paraphe protecteur entourant une signature.

« *...Certes le projet de mariage semble pouvoir se réaliser mais avant de dire " oui ", il y a un mystère à élucider, aussi bien du côté du consultant – peut-être avez-vous dissimulé quelques-unes de vos intentions ? – que du côté de l'autre personne – connaissez-vous parfaitement bien sa vie passée ?*

Avant de se risquer dans un mariage définitif, que le consultant prenne quelque temps de retraite et de réflexion. Une certaine solitude lui permettra de se détacher de contingences trop matérielles et trop passionnelles. Après ce moment de sagesse, qu'il décide " en pleine connaissance de cause " car son jugement ne sera pas erroné. »

2/3 CHRESMOLOGIE

•

OU DIVINATION DIRECTE OU DIVINATION INSPIREE

•

LE SOUFFLE DE L'ESPRIT : INSPIRATION ET EXPIRATION

Les devins qui possèdent le don de la « divination inspirée » n'ont pas besoin de supports, de calculs, de méthodes et d'instruments spécifiques.

Leur esprit est « inspiré » ce qui leur permet d'« expirer » des messages divinatoires.

D'où le nom savant de cette pratique mantique : la chresmologie (du grec *kraos* qui veut dire rendre des oracles).

POUR ETRE INSPIRE, LE DEVIN DOIT ETRE **INITIE** ET SON CLIENT DOIT ETRE **FASCINE**

Cela veut dire qu'une consultation réalisée « en voyance directe », pour être réussie et efficace, doit remplir deux conditions.

* Le devin doit posséder des capacités intellectuelles et psychologiques fines et perspicaces. Et bien sûr une intuition particulièrement développée. En un mot, il doit être « inspiré ».

Etre inspiré veut dire enthousiasmé. L'étymologie de ce dernier mot est remarquable pour définir la présence, et l'influence, d'un ou de plusieurs dieux dans l'esprit et le corps du devin.
« Faire de la voyance directe » exige d'être passionné par la parapsychologie, par l'ésotérisme et par l'humain.

La passion met le devin dans un état d'extase propice à des intuitions fulgurantes et à des clichés de voyance pure.

* Le consultant doit être « fasciné ».

Il faut comprendre le mot fascination dans un sens parfaitement louable et respectable « d'admiration » dans laquelle l'affectif a une part importante.

Le résultat de cette fascination ne pouvant être que bénéfique pour le consultant.

Or, qui dit fascination, dit magnétisme.

Souvenons-nous, dans *Le Livre de la jungle*, de Kaa le serpent plein d'humour, balançant la tête devant qui il veut séduire en prononçant la phrase magique « Aie confiance, aie confiance, aie confiance... »

Rappelons, à usage des devins qui veulent jouer les apprentis sorciers, qu'une fascination malhonnête, égoïste et perverse produit des effets en boomerang.

Le devin se trouve alors enveloppé par et dans sa propre fascination, à l'image d'une araignée se retrouvant prisonnière de la toile qu'elle vient de tisser.

LES REVES : SUPPORTS DE LA DIVINATION INSPIREE

Les rêves sont pour les chresmologues un sujet à divination.

Par les songes, les voyants et les psychologues se rejoignent. Ce qui n'empêchent pas les seconds de dénigrer les premiers.

A ce sujet, Aristote, remarquable penseur grec, est l'auteur d'un ouvrage ayant pour titre *La Divination par les rêves*.

Les analyses des rêves que l'on trouve dans ce traité concordent avec les observations et réflexions des psy modernes.

« Faire de la divination en directe » n'est pas à la portée de tous. La méthode semble apparemment facile puisqu'il suffit de fermer les yeux et de se laisser porter par des « impétuosités divines bienheureuses ». Telle est la traduction du mot *enthousiasme*.

Il y a deux manières de se mettre en condition pour pratiquer la voyance inspirée.

* AU MOYEN DE RITUELS

Les rituels ne servent pas à donner des messages prophétiques mais à permettre au devin de se conditionner. Il s'agit d'entrer en état second afin « d'être inspiré ». Les dieux de la divination « soufflant » alors au devin des messages et des prévisions.

Pour entrer et rester en état second, le devin se fait aider par des rituels qui le plongent dans une sorte d'état d'hypnose, propice à des révélations.

Quels sont ces rituels ?

En voici quelques-uns empruntés aux méthodes de divinations des Grecs, des Egyptiens, des Assyriens et des autres, y compris les devins New Age...

* Se raser le crâne.

* S'habiller avec des couleurs, des tissus, des formes « inspirées ».

* Chanter à voix basse ou bouche fermée des mots et des phrases répétitives (des mantras).

* Ecouter une musique du type mélopée.

* Marmonner des phrases identiques afin d'obtenir une hypnose verbale.

* Tourner sur soi-même (pratique des derviches tourneurs).

* Fixer son regard sur un point lumineux, une lampe, une flamme de bougie...

* Absorber des substances hallucinogènes.

* Tenir et égrainer les grains d'un chapelet.

** SANS CEREMONIAL NI RITUEL

Le devin se prépare simplement par une respiration contrôlée et il attend des clichés. Ceux-ci lui arrivent sous forme d'images, de mots, de phrases, d'impressions.

Il s'agit là de la « divination inspirée » la plus pure.

L'INDISPENSABLE DON DES DEVINS INSPIRES : L'INTUITION

L'intuition est la clef de la voyance inspirée ou de la « voyance directe ».

Cette fonction irrationnelle permet de regarder les êtres, les choses, la vie... les yeux fermés, de voir à l'intérieur, de scruter les profondeurs de l'âme et de l'inconscient.

Les intuitions sont indépendantes de tout raisonnement et elles apparaissent à l'esprit sous forme de clichés soudains et éphémères qu'il faut noter immédiatement. Car la qualité essentielle des intuitions est de ne pas pouvoir être mémorisées par le conscient.

L'intuition, en échappant à la logique et à la volonté, permet de percevoir et d'expliquer le caché et l'invisible, ce qui est hors du temps et de l'espace, ce qui n'existe pas encore et ce qui a déjà existé.

On comprend pourquoi cette merveilleuse aptitude est l'outil de travail de tous les devins et notamment des « devins inspirés ».

Mais l'intuition, rappelons-le, n'est pas que l'instrument de prestations prophétiques et de jeux ésotériques : elle est le principe actif de tout ce qui est découverte. Et cela sur les plans philosophiques autant que scientifiques. Nombre d'inventions en mathématiques, en biologie, en chimie, en physique... sont le fruit d'intuitions.

Les poètes et les artistes ont des pressentiments, des visions, des états d'extase mais aussi des angoisses. Tous ces phénomènes peuvent être à l'origine de créations géniales. C'est à l'occasion de ces moments de grande inspiration que des mots, des images, des sons, des formes, des allégories... sont trouvés.

L'écrivain Williams Blake écrit à propos des poètes et des artistes « ... ils parlent, écrivent, jouent, peignent, sous les ordres de messagers célestes... »

Ainsi est le devin inspiré.

Mais comment savoir si l'on est réellement voyant ?
Essayons d'énumérer les qualités qui font les voyants.

* Etre intuitif.
Ressentir immédiatement les êtres, les choses, les événements et cela sans déduction, sans raisonnement, sans analyse.
* Avoir des prémonitions surprenantes, fulgurantes, inattendues, insolites.
* Etre attiré spontanément par certaines personnes, et cela sans pouvoir expliquer les sympathies.
Mais également être révulsé par d'autres êtres en ressentant des états d'antipathie.
* Avoir des rêves nombreux, clairs, prophétiques.
* Etre attiré par l'irrationnel, le symbolique, l'étrange, le mystérieux.
* Etre attiré par l'humain, le profondément humain.
* Savoir interpréter.
Une culture philosophique, psychologique, ésotérique, poétique est nécessaire afin de pouvoir interpréter les signes, les messages et les symboles.
* Avoir un « ange » qui conseille et guide.
* Croire en une sympathie universelle qui relie toutes les personnes de bonne volonté ainsi que toutes celles qui vibrent aux mêmes influences et rayonnements.
* Etre curieux de toute « connaissance supranormale ».
Cette expression est du philosophe Pierre Salzi. Cette curio-

sité, cette avidité, font vivre en marge d'un monde uniquement rationnel et matérialiste. Ce qui bien entendu peut faire passer pour un marginal et un halluciné...
* Avoir un intérêt ou mieux, une passion, pour les sciences humaines, les arts, les religions.

« TOUT POETE EST UN VOYANT... » (ARTHUR RIMBAUD)

Je recommande à toute personne qui s'intéresse à la voyance d'accorder quelques minutes par jour à la poésie.

En effet la poésie représente la quintessence de la sensibilité. Elle est « l'âme de l'âme », en contact avec toutes les formes d'amour, de souffrance et de folie. C'est pourquoi les poètes transmettent des messages divinatoires et des prophéties d'une qualité exceptionnelle à travers leurs poèmes. Et qu'importe leur style.

Dès lors que la poésie devient votre compagne, il faut vous laisser baigner par elle, car elle permet d'arriver à l'inconnu. Là où se trouve toutes les vérités surtout celles qui sont vraisemblables.

Les événements à venir projettent leur ombre et c'est celle-ci qui est saisie par l'intuition des voyants.

Nous sommes tous des voyants car nous avons tous de l'intuition. Le tout est cependant d'avoir **des intuitions** !

Confusément, notre inconscient – appelons-le notre âme – connaît l'infini. Mais le problème est que la majeure partie de notre activité intellectuelle s'efforce de refuser nos impressions irrationnelles, celles justement qui nous permettent de saisir l'infini.

2/4 GEOMANCIE

•

DIVINATION PAR LA TERRE

•

DU SABLE, UN BATON, UN CRABE...

Les géomanciens arabes jettent une poignée de sable sur un sol lisse et les dessins ainsi réalisés font l'objet d'interprétations divinatoires.

Les géomanciens africains « lisent » les traces laissées par un crabe se déplaçant sur du sable humide.

D'autres encore utilisent des cailloux lancés sur la poussière du sol pour obtenir des figures qui sont interprétées.

La technique la plus courante, car la plus simple, consiste à tracer sur le sol avec le doigt ou avec un bâton, un certain nombre de marques. Un point, une croix, un petit rond...

Et c'est alors que les Esprits de la Terre, pour récompenser le consultant de sa « prière » à la Terre, transmettent des oracles.

Mais les Esprits de la Terre ne donnent leurs messages qu'après un cérémonial complexe et long, destiné à lasser les consultants trop impatients.

L'art de la géomancie consiste à permettre à la Terre de se nourrir d'empreintes pour mieux dialoguer avec les Hommes.

La Terre enfante nos corps, elle est notre Mère. Mais ce n'est pas tout...

Sous l'écorce, sous le sable et sous la poussière, la Terre recèle une mémoire. C'est ainsi que faire de la géomancie revient à faire parler cette mémoire.

Interrogeons donc les Esprits de la Terre !

Le cérémonial de la géomancie est relativement complexe dans la mesure où le rituel comprend plusieurs stades, appelés découvertes.

Chaque « découverte » a pour mission de reconstituer des figures au moyen de petits cercles (ou de tout autre marque).

Il y a 16 figures de base.

Voir Tableau des 16 figures géomantiques.

Quant aux « découvertes » qui permettent d'arriver au message divinatoire – dit la Sentence – elles sont au nombre de 5.

Première découverte	Les quatre figures **MERES**
Deuxième découverte	Les quatre figures **FILLES**
Troisième découverte	Les quatre figures **NIECES**
Quatrième découverte	Les deux figures **TEMOINS**
Cinquième découverte	La figure **LE JUGE**

La figure LE JUGE donne la **SENTENCE**

TABLEAU DES 16 FIGURES GEOMANTIQUES

ALBUS	CAUDA DRACONIS	CONJUNCTIO	TRISTITIA
o o o o o o o	o o o o o	o o o o o o	o o o o o o o
FORTUNA MAJOR	**PUER**	**FORTUNA MINOR**	**VIA**
o o o o o o	o o o o o	o o o o o o	o o o o
POPULUS	**ACQUISITO**	**LAETITIA**	**CAPUT DRACONIS**
o o o o o o o o	o o o o o o	o o o o o o o	o o o o o
AMISSIO	**PUELLA**	**RUBEUS**	**CARCER**
o o o o o o	o o o o o	o o o o o o o	o o o o o o

DECOUVERTE DES QUATRE FIGURES MERES

1/1 UN CRAYON ET DES POINTS

Tracez sur une feuille de papier – cette surface est plus moderne que le sable ou la terre ! – un certain nombre de marques ou de points avec un stylo, un crayon.

L'écriture des marques doit être faite en concentrant son attention sur la question que l'on désire résoudre et à laquelle on attend une réponse et non sur le nombre de marques.

En effet, il faut absolument que la main agisse seule afin que le nombre de marques soit aléatoire.

Ces marques ou points doivent être faits sur une ligne horizontale.

Seize lignes sont nécessaires pour cette première opération de découverte des quatre figures Mères.

– Illustration n° 1 de l'exemple –

1/2 COMPTER LES MARQUES

Il faut maintenant compter le nombre de marques tracées sur le papier.

Ces marques (faites sur une ligne horizontale) donnent un total pair ou impair.

Le rituel exigeant seize lignes faites les unes en dessous des autres, il y a donc seize totaux pairs ou impairs à faire.

1/3 DESSINER DES CERCLES

Si le total des marques de chacune des lignes est pair, ce total est à visualiser par **DEUX** cercles.

Si le total des marques est impair, dessinez **UN** cercle.

– Illustration n° 2 de l'exemple –

1/4 RECONSTITUER DES FIGURES

Les seize lignes groupées quatre par quatre donnent quatre figures. Ces figures sont appelées **LES MERES**.

Il y a seize figures géomantiques MERES. Ces figures sont données par le Tableau des figures MERES.

Ces figures MERES doivent être redessinées côte à côte à gauche.

1/5 NOMMER LES QUATRE FIGURES GEOMANTIQUES **MERES**

Le Tableau des seize figures géomantiques donnent les noms des quatre figures MERES.

– Illustration n° 3 de l'exemple –

DECOUVERTE DES QUATRE FIGURES FILLES

2/1 ALIGNER LES QUATRE FIGURES MERES

Les quatre figures MERES mises côte à côte permettent de découvrir les figures FILLES.

2/2 RECONSTITUTION DE NOUVELLES FIGURES

Pour obtenir les quatre figures FILLES, il suffit de reprendre les cercles de chaque rangée horizontale des figures MERES.

Il faut commencer par la première rangée dans le sens droite-gauche.

Les cercles – placés de haut en bas – reconstituent une nouvelle figure dite FILLE.

Rappelons qu'il y a quatre figures MERES et que chaque figure comporte quatre rangées de un ou de deux cercles.

2/3 NOMMER LES QUATRE FIGURES GEOMANTIQUES FILLES

Le Tableau des seize figures géomantiques donne les noms des quatre nouvelles figures FILLES.

– Illustration n° 4 de l'exemple –

DECOUVERTE DES QUATRE FIGURES NIECES

3/1 ALIGNEMENT DES HUIT FIGURES MERES ET FILLES

Il faut aligner les quatre figures MERES et les quatre figures FILLES sur une même ligne.

Cet alignement doit se faire de la droite vers la gauche. Il y donc huit figures côte à côte.

– Illustration n° 5 de l'exemple –

3/2 ADDITION DES CERCLES DES HUIT FIGURES

Il faut additionner les cercles des huit figures.

Cette opération se fait en groupant deux figures. Les huit figures donnent donc un total de quatre figures.

Si le total des cercles des deux figures est pair, tracez deux cercles. Si le total des cercles est impair, tracez un cercle.

Rappelons que les huit figures MERES et FILLES donnent en conclusion quatre figures NIECES.

– Illustration n° 6 de l'exemple –

3/3 NOMMER LES QUATRE FIGURES NIECES

Le Tableau des seize figures géomantiques donne les noms des quatre figures NIECES.

DECOUVERTE DES DEUX FIGURES TEMOINS

4/1 ALIGNEMENT DES QUATRE FIGURES NIECES

Il faut aligner les quatre figures NIECES sur une même ligne et toujours de la droite vers la gauche.

4/2 RECONSTITUTION DE DEUX NOUVELLES FIGURES

Les quatre figures NIECES mises côte à côte permettent de reconstituer les deux figures dites TEMOINS.

Il suffit de compter les cercles de chaque ligne pour reconstituer deux figures.

L'addition des cercles se fait deux figures par deux figures, toujours dans le sens droite-gauche et rangée par rangée.

Les cercles, placés de haut en bas, donnent deux figures appelées les TEMOINS.

4/3 NOMMER LES DEUX FIGURES GEOMANTIQUES TEMOINS

Le Tableau des seize figures géomantiques donne les noms des deux nouvelles figures dites TEMOINS.

– Illustration n° 7 de l'exemple –

DECOUVERTE DE LA FIGURE DU JUGE

5/1 ALIGNEMENT DES DEUX FIGURES TEMOINS

Il faut mettre côte à côte les deux figures dites TEMOINS.

– Illustration n° 8 de l'exemple –

5/2 ADDITION DES CERCLES

Il faut additionner les cercles des deux figures, de la droite vers la gauche et en descendant.

L'addition des cercles donne une nouvelle figure dite LE JUGE.

Rappelons que le total pair des cercles doit être visualisé par DEUX cercles, tandis que le total impair doit être visualisé par UN cercle.

5/3 NOMMER LA FIGURE LE JUGE

Le Tableau des seize figures géomantiques donne le nom de la figure LE JUGE.

– Illustration n° 9 de l'exemple –

DECOUVERTE DE LA SENTENCE

6/1 LA FIGURE LE JUGE + LA PREMIERE FIGURE MERE

Pour obtenir la SENTENCE, il faut additionner les cercles de la figure LE JUGE obtenue au paragraphe 5 avec les cercles de la première figure MERE du paragraphe 1.

Le rapprochement de la dernière figure et de la dernière figure correspond symboliquement à la « fermeture » du cérémonial.

6/2 NOMMER LA FIGURE DITE LA SENTENCE

La nouvelle figure obtenue par l'addition des cercles des figures LE JUGE et la première figure MERE donne LA SENTENCE.

Le nom de cette figure est donné par le Tableau des seize figures géomantiques.

– Illustration n° 10 de l'exemple –

6/3 LECTURE DU MESSAGE

Le nom de la dernière figure dite LA SENTENCE renvoie au guide des interprétations.

C'est alors que peut être obtenue la réponse à la question posée.

EXEMPLE D'UN CEREMONIAL DE GEOMANCIE

Imaginons la question : « Vais-je devenir riche ? »

Voici le cérémonial à suivre pour obtenir une réponse.

1/ DECOUVERTE DES QUATRE FIGURES MERES

1/1 FAIRE DES MARQUES — Illustration n° 1

```
- - - - - - - -
- - - - - - - - - - - -
- - - - - -
- - - - - - - - - - -

- - - - - - - - - - - - - -
- - - - -
- - - - - - - - - - - - -
- - - - - - - - - - - - - - - - - - - -

- - - - - - - - - - - - - - - -
- - - - - - -
- - -
- - - - - - - - - - - -

- - - - - - - - - - - - - - - -
- - - - - - - - -
- - - -
- - - - - - - -
```

1/2 COMPTER LES MARQUES

1/3 DESSINER DES CERCLES Illustration n° 2

1re Ligne	8 traits	Nombre pair	O O
2e Ligne	12 traits	Nombre pair	O O
3e Ligne	6 traits	Nombre pair	O O
4e Ligne	11 traits	Nombre impair	O
5e Ligne	14 traits	Nombre pair	O O
6e Ligne	5 traits	Nombre impair	O
7e Ligne	13 traits	Nombre impair	O
8e Ligne	8 traits	Nombre pair	O O
9e Ligne	15 traits	Nombre impair	O
10e Ligne	7 traits	Nombre impair	O
11e Ligne	3 traits	Nombre impair	O
12e Ligne	12 traits	Nombre pair	O O
13e Ligne	16 traits	Nombre pair	O O
14e Ligne	9 traits	Nombre impair	O
15e Ligne	4 traits	Nombre pair	O O
16e Ligne	8 traits	Nombre pair	O O

1/4 RECONSTITUER DES FIGURES

Reconstituer quatre figures à partir des cercles résultant des nombres pairs ou impairs des marques faites sur la feuille de papier.

Rappelons que les seize lignes sont groupées quatre par quatre pour donner des figures de quatre rangées.

Les figures doivent être reconstituées de la droite vers la gauche.

1/5 NOMMER LES QUATRE FIGURES MERES

Les quatre figures reconstituées portent les noms suivants :

Illustration n° 3

Les lignes 1, 2, 3, 4 donnent la figure	TRISTITIA	o o o o o o o
Les lignes 5, 6, 7, 8 donnent la figure	CONJUNCTIO	o o o o o o
Les lignes 9, 10, 11, 12 donnent la figure	CAUDA DRACONIS	o o o o o
Les lignes 13, 14, 15, 16 donnent la figure	RUBEUS	o o o o o o o

2/ DECOUVERTE DES QUATRE FIGURES FILLES

2/1 ALIGNER LES QUATRE FIGURES MERES (de la droite vers la gauche).

2/2 RECONSTITUTION DE QUATRE NOUVELLES FIGURES À PARTIR DES QUATRE FIGURES MERES

Prendre les cercles des quatre figures MERES dans le sens droite-gauche, rangée par rangée.

2/3 NOMMER LES QUATRE FIGURES FILLES

Le Tableau des figures géomantiques donne le nom des quatre nouvelles figures dites FILLES.

Illustration n° 4

Les cercles des figures MERES pris dans le sens droite-gauche permettent de reconstituer quatre nouvelles figures.

Les cercles de la première rangée des quatre figures Mères donnent la figure Fille ALBUS

o o
o o
o
o o

Les cercles de la deuxième rangée des quatre figures Mères donnent la figure Fille CAPUT DRACONIS

o o
o
o
o

Les cercles de la troisième rangée des quatre figures Mères donnent la figure Fille CONJUNCTIO

o o
o
o
o o

Les cercles de la quatrième rangée des quatre figures Mères donnent la figure Fille LAETITIA

o
o o
o o
o o

3/ DECOUVERTE DES QUATRE FIGURES NIECES

3/1 ALIGNEMENT DES QUATRE FIGURES MERES ET DES QUATRE FIGURES FILLES

Les quatre figures NIECES sont obtenues à partir des quatre figures MERES et des quatre figures FILLES.

Ces huit figures (MERES + FILLES) sont associées deux par deux pour obtenir finalement quatre figures NIECES

Alignement des quatre figures Mères
et des quatre figures Filles Illustration n° 5

o	o o	o o	o o	o o	o	o o	o o
o o	o	o	o o	o	o	o	o o
o o	o	o	o	o o	o	o	o o
o o	o o	o	o o	o o	o o	o o	o

3/2 RECONSTITUTION DES QUATRE FIGURES NIECES

L'addition des cercles des figures MERES et FILLES, deux par deux et ligne par ligne donne des totaux. Si le total des cercles est pair, il faut dessiner DEUX cercles. Si le total est impair, il faut dessiner UN cercle.

Dans le sens de la droite vers la gauche, les huit figures vont donc s'associer de la manière suivante. Illustration n° 6

LAETITIA	CONJUNCTIO	CAPUT DRACONIS	ALBUS	RUBEUS	CAUDA DRACONIS	CONJUNCTIO	TRISTITIA
o	o o	o o	o o	o o	o	o o	o o
o o	o	o	o o	o	o	o	o o
o o	o	o	o	o o	o	o	o o
o o	o o	o	o o	o o	o o	o o	o

Conjunctio D1	Albus C1	Cauda Draconis B1	Tristitia A1
+	+	+	+
Laetitia D2	Caput Draconis C2	Rubeus B2	Conjunctio A2
D1 + D2	C1 + C2	B1 + B2	A1 + A2

Addition des cercles des 2 figures A1 et A2

1re rangée	o o + o o	Pair donne	o o
2e rangée	o o + o	Impair donne	o
3e rangée	o o + o	Impair donne	o
4e rangée	o + o o	Impair donne	o

Tristitia A1 + Conjunction A2 donne **CAPUT DRACONIS**

Addition des cercles des 2 figures B1 et B2

1re rangée	o + o o	Impair donne	o
2e rangée	o + o	Pair donne	o o
3e rangée	o + o o	Impair donne	o
4e rangée	o o + o o	Pair donne	o o

Cauda Draconis B1 + Rubeus B2 donne **AMISSIO**

Addition des cercles des 2 figures C1 + C2

1re rangée	o o + o o	Pair donne	o o
2e rangée	o o + o	Impair donne	o
3e rangée	o + o	Pair donne	o o
4e rangée	o o + o	Impair donne	o

Albus C1 + Caput Draconis C2 donne **ACQUISITIO**

Addition des cercles des 2 figures D1 et D2

1re rangée	o o + o	Impair donne	o
2e rangée	o + o o	Impair donne	o
3e rangée	o + o o	Impair donne	o
4e rangée	o o + o o	Pair donne	o o

Conjunctio D1 + Laetitia D2 donne **CAUDA DRACONIS**

En conclusion, quatre nouvelles figures sont obtenues : Les quatre NIECES – toujours positionnées dans le sens droite vers gauche.

4e NIECE	3e NIECE	2e NIECE	1re NIECE
o	o o	o	o o
o	o	o o	o
o	o o	o	o
o o	o	o o	o

4/ DECOUVERTE DES DEUX FIGURES TEMOINS

4/1 ALIGNER LES QUATRE FIGURES NIECES

Il s'agit des quatre figures obtenues précédemment (§ 3)

Le positionnement doit toujours se faire de la droite vers la gauche.

4/2 ADDITION DES CERCLES DES QUATRE FIGURES NIECES

L'addition se fait deux figures par deux figures, ligne par ligne en commençant par la droite.

4/3 NOMMER LES DEUX NOUVELLES FIGURES TEMOINS

Leur nom est : Puer et Puella Illustration n° 7

o	o o	o	o o
o	o	o o	o
o	o o	o	o
o o	o	o o	o

Acquisitio 3e Nièce	Caput Draconis 1re Nièce
+	+
Cauda Draconis 4e Nièce	Amissio 2e Nièce

Addition des cercles des 2 figures Caput Draconis (1re Nièce) et Amissio (2e Nièce)

1re rangée	o o + o	Impair donne	o
2e rangée	o + o o	Impair donne	o
3e rangée	o + o	Pair donne	o o
4e rangée	o + o o	Impair donne	o

Caput Draconis + Amissio donne **PUER**

Addition des cercles des 2 figures Acquisitio (3e Nièce) et Cauda Draconis (4e Nièce)

1re rangée	o o + o	Impair donne	o
2e rangée	o + o	Pair donne	o o
3e rangée	o o + o	Impair donne	o
4e rangée	o + o o	Impair donne	o

Acquisitio + Cauda Draconis donne **PUELLA**

5/ DECOUVERTE DE LA FIGURE DU JUGE

5/1 ALIGNER LES DEUX FIGURES LES TEMOINS

Positionnement de la droite vers la gauche.

Illustration n° 8

PUELLA	PUER
o	o
o o	o
o	o o
o	o

5/2 ADDITION DES CERCLES DES DEUX FIGURES

Illustration n° 9

1re rangée	o + o	Pair donne	o o
2e rangée	o + o o	Impair donne	o
3e rangée	o o + o	Impair donne	o
4e rangée	o + o	Pair donne	o o

Puer + Puella donne **CONJUNCTIO**

6/ DECOUVERTE DE LA FIGURE LA SENTENCE

6/1 ALIGNER LA FIGURE LE JUGE

Obtenue dans le § 5 et la première figure MERE obtenue dans le § 1.

6/2 ADDITIONNER LES CERCLES DE LA FIGURE LE JUGE ET DE LA PREMIERE FIGURE MERE

La première figure MERE est Tristitia.
Cela donne :

Conjunctio (LE JUGE) + Tristitia (1re figure MERE).

Illustration n° 10

CONJUNCTIO	TRISTITIA
o	o o
o o	o
o o	o
o o	o o

Addition des cercles des 2 figures Conjunctio (Le Juge) et Tristitia (La 1re figure Mère)

1re rangée	o o + o o	Pair donne	o o
2e rangée	o + o o	Impair donne	o
3e rangée	o + o o	Impair donne	o
4e rangée	o o + o	Impair donne	o

Conjunctio + Tristitia donne **CAPUT DRACONIS**

6/3 LIRE LE MESSAGE DIVINATOIRE « CAPUT DRACONIS » DANS LE GUIDE DES INTERPRETATIONS

La question était :

« Vais-je devenir riche ? »

La réponse est :
Les verbes du message divinatoire sont :

APPROFONDIR
* Meilleure connaissance des « choses de la vie ».
* Compréhension de choses cachées. Connaissance par une intériorisation et une introspection de l'âme et de l'inconscient.
* Acquisition d'un esprit profond et pénétrant, de sentiments intenses, ardents et fervents.

CONNAITRE
* Possibilité de connaître sous forme de prévision, de pressentiment, d'intuition.
* Discernement, entendement, intelligence. Idée de certitude intellectuelle, psychologique, philosophique, religieuse.
* Information de ce qui se passe autour de soi. Connaissance exacte des êtres et de leurs sentiments.
* Rencontre et connaissance. Idée de relations affectives et harmonieuses, constructives.

Ce qui veut dire :

« Vous deviendrez riche mais après une meilleure connaissance de certaines choses. Après un temps de réflexion.

Le conseil est de laisser jouer vos intuitions et d'être attentif à toutes vos rencontres. »

SCHEMAS	INTERPRETATIONS

ACQUISITIO
L'Acquisition

Les verbes du message divinatoire sont :

ACQUERIR

* Possibilité de devenir propriétaire d'un bien, d'un droit par achat, échange, succession.

* Acquisition d'une renommée.

* Acquisition de connaissance, d'un savoir, d'une culture, d'expérience...

* Acquisition des faveurs d'une personne. Chance en amour.

Mais aussi acquisition frauduleuse par détournement et usurpation

PROGRESSER

* Passage à un degré plus important des affaires, de l'amour, de l'évolution personnelle.

* Passage à un état meilleur. Idée de perfectionnement, de changement en mieux, de promotion, d'élévation.

* Acquisition d'une technique, d'une science, d'un art.

REUSSIR

* Réussite financière avec une idée de succès et de prospérité.

* Réussite personnelle, accomplissement de soi.

* Réussite professionnelle. Idée de prouesses, d'exploits et de performances.

AMISSIO
La Perte

Les verbes du message divinatoire sont :

PERDRE

* Perdre sa liberté, être aliéné, être asservi.

* Perdre son emploi, être licencié.

* Perdre ses forces. Idée d'affaiblissement, de maladie.

* Perdre son sang-froid... idée d'angoisse, d'inquiétude.

* Perdre ses illusions. Idée de désenchantement, de perte d'espoir, de découragement.
* Séparation avec des êtres chers. Disparition, décès.
* Privation de la possession d'un bien matériel, d'un avantage moral.

FINIR
* Fin d'une activité, d'un certain style de vie, d'un amour.
* Disparition « de ce qui doit disparaître ». Idée de conclusion, de fin de cycle arrivé à terme.

ALBUS
Le Blanc

Les verbes du message divinatoire sont :

BLANCHIR
* Disculper, innocenter. Idée de justice rendue et de liberté retrouvée.
* Rendre blanc, rendre propre. Idée de pureté, de pudeur, de franchise... très favorable sur le plan des sentiments et de l'amour.

PRENDRE DE LA HAUTEUR
* Elévation sur le plan social, intellectuel, professionnel, spirituel.
* Elévation et noblesse de caractère, d'idées, de sentiments.

CAPUT DRACONIS
La Tête du Dragon

Les verbes du message divinatoire sont :

APPROFONDIR
* Meilleure connaissance des « choses de la vie ».
* Compréhension de choses cachées. Connaissance par une intériorisation et une introspection de l'âme et de l'inconscient.
* Acquisition d'un esprit profond et pénétrant, de sentiments intenses, ardents et fervents.

CONNAITRE
* Possibilité de connaître sous forme de prévision, de pressentiment, d'intuition.

* Discernement, entendement, intelligence. Idée de certitude intellectuelle, psychologique, philosophique, religieuse.
* Information de ce qui se passe autour de soi. Connaissance exacte des êtres et de leurs sentiments.
* Rencontre et connaissance. Idée de relations affectives et harmonieuses, constructives.

CARCER
La Prison

Les verbes du message divinatoire sont :

ENFERMER
* Etre enfermé dans une prison, être cloîtré, séquestré, interné. Idée de perte de liberté.
* Mettre en un lieu fermé. Idée de dissimulation, de « mettre sous clef ».
* Partir furtivement, disparaître, déménager, se cacher volontairement ou non.

PROTEGER
* Mettre à l'abri d'un danger. Idée d'assister, de secourir, d'abriter, de garantir, de sauvegarder. Il peut s'agir de personnes, de biens, de soi-même.
* Apporter son soutien, encourager, favoriser. Message favorable pour les personnes qui ont besoin d'aide et assistance.

CAUDA DRACONIS
La Queue du Dragon

Les verbes du message divinatoire sont :

SEPARER
* Séparation dans un couple. Idée de rupture, de divorce.
* Séparation dans l'espace avec une idée d'éloignement, de distance, de déménagement, d'exil.
* Séparation entre les membres d'un groupe, d'une association, d'amis. Idée de querelle, de désaccord, de dissension, de conflit, de scission.
* Mais aussi idée de séparation des différentes données d'un problème, ce qui permet de mieux le comprendre et de le résoudre.

* Séparation voulue ou non, permettant de couper le « cordon ombilical » avec la famille, les parents, un groupe. Idée de séparation douloureuse qui sera suivie d'une liberté épanouissante.

RETARDER
* Retard dans le travail, idée de lenteur, de ralentissement, d'ajournement, d'hésitation, de remise en question.
* Retard dans la croissance, dans le développement d'une affaire mais aussi sur le plan santé.
* Empêchement de partir, d'arriver, de faire, de dire, de progresser...
* Remise à plus tard. Idée d'ajournement, de remise à une date « ultérieure ».

CONJUNCTIO
La Conjonction

Les verbes du message divinatoire sont :

RENCONTRER
* Rencontre intime, affective, amoureuse qui débouchera sur des unions, des mariages, des associations.
* Rencontre fortuite mais avantageuse. Idée de retrouvailles.
* Rencontre dans un contexte de compétition, d'épreuve, de concours, de confrontation, de face à face.
* Réunions, rassemblements, conférences, concerts...

HARMONISER
* Accord entre différentes personnes. Idée d'organisation, de cohésion et d'équilibre.
* Correspondance d'idées et de sentiments.
* Entente, paix, union et concorde. Possibilité de mariage très heureux.

FORTUNA MAJOR
La Fortune majeure

Les verbes du message divinatoire sont :

VAINCRE
* Remporter un ou des avantages, une victoire, des succès, des conquêtes. Idée de réussite dans tous les domaines.

* Maîtrise des événements, franchissement des obstacles, capitulation des ennemis et des adversaires.
* Domination et triomphe.

ACCOMPLIR
* Accomplissement de ce qui doit être et cela d'une manière très favorable. Indice d'abondance, de bonheur, d'amour, de succès.
* Idée d'achèvement et de terminaison parfaite.
* Rétablissement sur le plan santé et financier. Bonnes nouvelles.

FORTUNA MINOR
La Fortune mineure

Les verbes du message divinatoire sont :

PASSER
* Succès passagers, fugitifs et fugaces. Période transitoire et temporaire.
* Activités, revenus, sentiments momentanés et éphémères.
* Mais aussi idée de franchir une étape, de traverser une époque qui n'a qu'un temps. Conseil de ne pas s'attacher au présent.
* Solutions provisoires aux problèmes, activité temporaire.

AVOIR DE LA CHANCE
* Ensemble de circonstances favorables sous forme de hasard, bonne fortune, atout...
* Possibilité de réussite immédiate. Conseil de mettre immédiatement toutes les chances de son côté.
* Occasion heureuse et inespérée. Idée d'opportunité et de possibilité « sur le moment ».
* Chance aux jeux, en amour, mais sans idée de continuité.

LAETITIA
La Joie

Les verbes du message divinatoire sont :

PACIFIER
* Sentiments de paix intérieure sous forme de quiétude.
* Paix spirituelle sous forme de béatitude et de contemplation.

* Absence de conflits, de révolte, de désaccord de toutes sortes, sur tous les plans, professionnel, amour, financier.
* Fin des problèmes, des hostilités, des querelles.
* Idée de réconciliation, d'accord, de fin de procès.

LIBERER
* Indépendance d'esprit, de cœur et de corps.
* Fin d'une dépendance à une personne, à un autorité.
* Fin d'une liaison. Fin d'un engagement, d'une obligation, d'une occupation. Possibilité de décider et d'agir sans contrainte.
* Installation dans une « union libre ».
* Découverte d'un endroit, d'une maison, d'un pays... libre. Idée de disponibilité, de vacances, de permission, d'affranchissement.

POPULUS
Le Peuple

Les verbes du message divinatoire sont :

RASSEMBLER
* Réunions de personnes, d'idées ou d'objets. Idée de groupement, de rapprochement mais aussi d'entassement, d'accumulation.
* Réunions harmonieuses et utiles. Idée de concentration et de concertation. Possibilité d'accord, de fiançailles, de mariage, d'alliances.
* Réunions privées ou publiques. Conférences, fréquentations de cercles, de clubs.

CHANGER
* Changement de vie, de travail, de sentiment. Idée de mutation, de métamorphose, de reconversion.
* Déménagement.
* Changement d'état, d'humeur, de sentiments. Idée de caprice, de versatilité.
* Voyage d'agrément, professionnel, affectif.
* Changement de vie, de partenaire, de résidence, de pays.

PUELLA
La Jeune Fille

Les verbes du message divinatoire sont :

NAITRE
* Naissance. Idée d'accouchement, de nativité, de mise au monde.
* Commencer à exister, à se manifester. Il peut s'agir d'un travail, d'un sentiment, d'un être.
* Avoir une existence, une réalité, être en vie. Message de joie, de contentement, de satisfaction, de bonheur.

AIMER
* Eprouver de l'affection pour quelqu'un. Idée de sympathie, de rencontres amicales et amoureuses. Possibilités de fiançailles, de mariage.
* Avoir du goût pour quelque chose, pour quelqu'un, pour la vie. Message de bien-être, de contentement de soi, de joie de vivre, d'harmonie.

PUER
Le Garçon

Les verbes du message divinatoire sont :

MENACER
* Risque de propos agressifs, menaçants, provocants, acrimonieux.
* Rencontre avec des personnes belliqueuses, offensives, hargneuses, querelleuses.
* Impulsivité, excitation, irréflexion, maladresse.

ETRE JEUNE
* Idée de jeunesse. Rencontre avec des personnes jeunes, mais aussi « nouvelle jeunesse ».
* Idée de fraîcheur, de renouveau, de « diable au corps », de naïveté, de vaillance...
* Imprudence qui expose à des dangers. Idée de témérité, de hardiesse, de maladresse, d'étourderie.
* Arrivée à l'improviste d'événements, de personnes inattendues. Idée de surprise, bonne ou mauvaise.

RUBEUS
Le Rouge

Les verbes du message divinatoire sont :

SAIGNER
* Epanchement de sang. Idée de violence, d'accidents, de maladies.
* Congestionnement, inflammation, incendie.

PASSIONNER
* Inclinaison très vive pour une personne, pour quelque chose. Idée d'ensorcellement, d'envoûtement, de séduction passionnée.
* Enthousiasme, emballement, ardeur. Idée de « corps perdu », « d'à la folie ».

TRISTITIA
La Tristesse

Les verbes du message divinatoire sont :

ETRE SEUL
* Etat de solitude. Difficultés ou impossibilités de contact, de vie en société.
* Deuil, être seul avec soi-même.
* Solitude morale, intellectuelle, avec une recherche de retraite. Idée de « faire le point », de se retirer du monde pendant un certain temps.
* Sentiment d'être abandonné, délaissé, oublié.
* Désir d'être seul pour vivre, pour travailler.
* Idée d'abandon, démission, capitulation, désertion.
* Destruction de ce qui doit être détruit.

ETRE TRISTE
* Idées et sentiments sombres, chagrins.
* Période désolante, affligeante.
* Style de vie maussade et morne.
* Tristesse indéfinissable, idée de mélancolie, de spleen, de vague à l'âme mais aussi tristesse suscitée par des souvenirs, nostalgie.
* Possibilité d'événements qui causent de la douleur, rencontres de personnes qui inspirent de l'ennui.
* Moment de médiocrité, de mauvaise qualité de vie.

VIA
La Voie

Les verbes du message divinatoire sont :

PRENDRE LE DEPART
* Toutes sortes de déplacements, en dehors de sa maison, de sa ville, de sa région, de son pays. Et qu'importe le motif.
* Voyage d'agrément, professionnel ou de noces...
* Eloignement d'un endroit où « il n'y a plus rien à faire »... Programmer un départ, un déménagement, préparer ses bagages.
* Retourner à ses origines.
* Disparaître. Idée de refus d'exister au présent, recherche d'autre chose, d'une nouvelle vie.

COMMENCER
* Commencer un nouveau travail, entreprendre, faire les premières démarches, s'engager.
* Début d'un amour. Idée de fiançailles, mariage, union.
* Possibilité de « faire une chose le premier ». Idée de mettre en route, de prendre des initiatives, de faire les premiers pas, d'être l'initiateur, le précurseur, le pionnier, le promoteur.
* Retour à une autre vie, à une ancienne vie, plus naturelle, plus originelle. Idée d'originalité, de jamais vu ou de déjà-vu.

2/5 GRAPHOMANCIE

•

DIVINATION PAR L'ECRITURE

•

PRESENTATION DE LA GRAPHOMANCIE

Selon la Cabale – ou Kabbale, chaque lettre représente un palier dans la progression de l'être humain.

De l'alpha à l'oméga, nous avons ainsi 26 lettres-étapes, pour atteindre notre degré supérieur d'évolution, pour clôturer notre Grand Œuvre.

Chaque lettre possède une vibration qui lui est particulière. En effet, il est donné à chaque lettre une signification symbolique. Par exemple, l'affectif est du domaine de la lettre A, la famille appartient à la lettre B, la communication à la lettre E, la sexualité aux lettres G et Q, l'activité aux lettres I, P et R, la volonté à la lettre T, etc.

C'est ainsi que les mots, et certains mots plus que d'autres, en totalisant plusieurs vibrations, peuvent mouvoir les choses, les événements et les êtres. Certains mots peuvent faire marcher les paralytiques et ressusciter les morts. Jésus Christ l'a prouvé avec son fameux « Lazare, lève-toi ! ».

Mais il n'y a pas que les lettres et les mots avec leurs sons qui ont des pouvoirs et une autorité surprenante, il y a aussi les formes des lettres.

La divination par les lettres repose ainsi sur deux critères :

* Sur le dessin de la lettre.
A l'origine, les lettres représentaient un animal, une plante, un geste, une réalité concrète. Au fil du temps, le dessin

s'est simplifié et intellectualisé pour arriver aux formes de nos alphabets.

Mais il ne faut pas oublier que « sous » les formes des lettres, qu'elles appartiennent à l'alphabet phénicien, hébreu ou grec, se trouvent des figures d'objets, d'animaux, de personnages, de parties de corps, de signes divers.

Or, notre mémoire a enregistré depuis la nuit des temps les sons, les formes et les images si bien qu'il suffit pour un devin doué de se laisser imprégné par les vibrations qui émanent des lettres pour recevoir des messages.

* Le deuxième critère est plus analytique que magique. Ce n'est plus l'observation des formes en elle-même qui intéressent le devin, mais le tracé des lettres.

Est-il à base de traits droits, courbes, les ronds sont-ils ouverts ou fermés, les hampes sont-elles hautes ou basses... ?

Ce type d'observations entre dans l'art de la graphologie autant que dans celui de la graphomancie.

Voici donc un tableau qui regroupe des formes que peuvent prendre quelques lettres de l'alphabet.

TABLEAU DES INTERPRETATIONS DE LA GRAPHOMANCIE

Formes des lettres	Interprétations
Lettre classique, calligraphique	Affectif contrôlé, poli, conventionnel.
Lettre plus grande que les autres *sentimental*	Affectif, amoureux, sentimental. Manque de confiance en soi.
Lettre plus petite que les autres *délicat*	Délicat et raffiné. Vie intime profonde, riche.
Lettre inclinée vers la gauche *solitaire*	Affectivité solitaire, régressive. Timide, prudent, pudique.
Lettre ouverte vers le haut *spontané*	Tendre, spontané. Imaginatif, sensible, rêveur et romanesque.
Lettre ouverte vers le bas *bas*	Pulsions instinctives importantes. Matérialiste et sensuel.
Lettre étalée *étalée*	Affectivité développée mais en attente. Instincts mal contrôlés, gaspillés. Jouisseur, sensuel.
Lettre en angle, acérée. *piquant*	« Cœur piquant », manifestations affectives sèches, aiguës et incisives. Volontaire, déterminé.
Lettre ayant une longue initiale *initiale*	Affectivité faite de réflexion, d'opposition et d'objection.

Formes des lettres	Interprétations
Lettre faite comme un « e »	Affectivité décolorée, dénaturée. Gentil, aimable, sentimental mais dissimulé, habile.
Lettre faite en « A » majuscule, ou en lettre d'imprimerie.	Affectivité élaborée. Esthétique, original, brillant, hautain, aristocrate.
Lettre faite en « o »	Chaleureux, gourmand, enfantin, tendre, facile, égoïste.
Lettre faite en forme de « cœur »	Sentimental, subjectif, rêveur, romantique, idéaliste.
Lettre cassée	Vie amoureuse et sexuelle difficile car jamais complète. Instable, inquiet, angoissé.
Lettre fermée à double tour, « jointoyée »	Affectivité protégée, prudent.
Lettre faite en « anneaux »	Affectivité enfantine. Egoïste, gourmand, impulsif, tendre.
Lettre surélevée	Ambitieux, idéaliste, susceptible, chatouilleux, prétentieux.

Ⓑ

Lettre grosse, gonflée	Sentimental, gourmand, sensuel, égoïste.

Formes des lettres	Interprétations
Lettre rétrécie, plus petite que les autres (beau)	Affectivité freinée, scrupuleux, timide, inhibé.
Lettre inclinée vers la gauche (besoin)	Contrôlé, inquiet, réfractaire, contradictoire, moralisateur.
Lettre en angle (barre)	Exigeant, sec, sévère, volontaire, agissant, rigide, sadique.
Lettre en coquille (Bavards)	Coquet, entortilleur, narcissique, égoïste, enjôleur, intéressé.
Hampe tordue (bizarre)	Fatigué, souffrant, inhibé.
Hampe retouchée (biologie)	Inquiet, incertain, perfectionniste, craintif, indécis, hésitant, gêné.
Hampe simplifiée, faite en bâton (but)	Réfléchi, sage, lucide, intelligent, sérieux, moralisateur, rigide, strict, honnête.
Hampe barrée par un petit trait (barrée)	Soumis, bloqué, figé
Lettre faite « à l'envers » (habile)	Souple, habile, agréable.
Lettre faite en « hélice » (gâteau)	Tendre, égoïste, immature, infantile.
Lettre faite en « cocon », en « fœtus » (Baptême)	Distant, autoritaire, volontaire, dur, solide.

Formes des lettres	Interprétations
Finale de la lettre rigide, droite	Malade, fatigué, désabusé, tourmenté.
Ⓓ	
Lettre classique, calligraphique	Réfléchi, logique, raisonnable, convenable, sérieux.
Corps serré et hampe droite, forme anguleuse	Contracté, rigide, rigoureux, extériorisé.
Lettre surélevée	Supérieur, orgueilleux, idéaliste, froid, insatisfait.
Lettre inclinée vers la gauche	Bloqué, freiné, inhibé, récalcitrant.
Lettre en coquille corps enroulé	Coquet charmeur, séducteur, captateur.
Hampe double, gonflée	Souple, doux, généreux, facile, compréhensif, agréable.
Hampe recourbée vers la gauche	Craintif, méfiant, refoulé, bloqué, vigilant, consciencieux.
Hampe double formant un angle	Fort, volontaire, vif, actif, énergique, affirmatif.
Lettre « double » faite en 2 morceaux	Fatigué, déséquilibré.

Formes des lettres	Interprétations
Hampe formant un arc, une voûte Dessin	Vaniteux, orgueilleux, exhibitionniste, faible, maniéré.
Hampe simplifiée montante, sans liaison Délire	Chimérique, idéaliste, abstrait.
Lettre ouverte	Imaginatif, aventurier, rêveur.
Hampe combinée avec l'initiale de la lettre suivante Doigté	Intelligent, agréable, facile, souple, sociable.

Lettre classique, calligraphique 	Equilibré, sérieux, routinier, ordonné, appliqué, raisonnable, conformiste, conventionnel, discipliné, ponctuel, consciencieux, ennuyeux.
Lettre ample, dilatée Familier	Extraverti, communicatif, superficiel, ostentatoire.
Forme en « hélice » infidèle	Souple, passif, égoïste, lymphatique, agréable, souriant, infidèle.
Forme en « croix » fer	Valeur de cœur, d'esprit et d'âme. Equilibré, profond, pur, simple. Philosophe, solitaire, courageux.

Formes des lettres	Interprétations
Forme en « bâton », en squelette fièvre	Angoissé, solitaire, agressif dépouillé, abstrait, absolu.
Jambage revenant en arrière facile	Bloqué. Souple, agréable, facile (en surface). Infidèle, craintif, inhibé.
Forme bâclée, en « s » déficient	Souffrant, malade, déficient.
Jambage en angle, vers la droite actif	Actif, vigoureux, puissant, viril, réaliste, fort.
Jambage formant un triangle vers la gauche impulsif	Impulsif, sensuel, énergique, décidé, affirmatif, agressif.
Jambage en « huit », en lasso	Séducteur, charmeur, captateur. Frivole, coquet, sentimental, gentil, opportuniste, intrigant.
Jambage tronqué fatigue	Fatigué, traumatisé, insatisfait, rancunier, bloqué, déséquilibré, égoïste.
Lettres inclinées différemment à droite, et à gauche fantome	Sensible, émotif, instable, inquiet, indécis, imaginatif, vif, original, impressionnable.

Formes des lettres	Interprétations
Hampe bien faite, jambage bâtonné → fécond	Réfléchi, logique, perspicace, volontaire. Réalisateur, cérébral.
Hampe bâtonnée, jambage bien fait actif ←	Actif, matérialiste, réalisateur, instinctif, concret.
Initiale de la lettre « bloquée » faux	Conventionnel, bloqué, faux, exigeant, sévère.
Lettre « retouchée » faible	Faible, impuissant, complexé, perfectionniste, insatisfait, pointilleux, inquiet.
Ⓘ	
Points précis « géographiquement » à sa place. Lettre classique, calligraphique i	Conformiste, travailleur mais lent, précis, sérieux, routinier, goût pour l'exactitude, les « chiffres », les spécialisations, fidèle, honnête, scrupuleux. La volonté est un outil de sérieux.
Point « vagabond » devant la lettre vif	Intelligent, vif, rapide, peu précis, imaginatif, créateur, nerveux, imprévoyant.
Point « vagabond » derrière la lettre inquiet	Réfractaire, las, inquiet, timide, secret, renfermé, peu social.

Formes des lettres	Interprétations
Point lié à la lettre suivante *intelligent*	Intelligent, vif, souple, qualités de discernement, de décision, fin, délicat, imaginatif, subtil, cérébral, sentimental, sensible, sociable.
Point fait en « bâton » *raison*	Affirmatif, tranchant, autoritaire, formaliste, catégorique, veut s'affirmer, se prouver, avoir raison.
Point en forme de cercle *inquiet*	Comportement « circulaire », tourne en rond autour d'un problème, d'une idée, d'un sentiment. Choix difficiles. Coquet, inquiet, instable, capricieux.
Point en « oiseau » haut, avec des ailes *idéaliste*	Rêveur, idéaliste, imaginatif, créateur de fantasmes et de rêves éveillés, angoisse.
Ⓙ	
Lettre classique, calligraphique *j*	Conformiste, conventionnel, moralisateur, stable, contrôlé, assujetti.
Forme acérée, aiguë *jaloux*	Indépendant, décidé, difficile, mordant, agressif, excité, vif, ironique.
Forme tordue *jaune*	Souffrant, fatigué, malade, émotif, faible, instable, soumis, hésitant, influençable.
Forme arrondie *jouir*	Sociable, doux, tolérant, soumis, souple, indolent, sentimental, optimiste.

Formes des lettres	Interprétations
Forme artificielle excentrique Jouer	Fabriqué, orgueilleux, instable, affabulateur.
Lettre barrée par un trait horizontal Juge	Bouillant, impulsif, autoritaire, volontaire, dur, réactif, combatif, rigoureux, agressif.
Lettre basse, ne dépassant pas le ruban de la ligne juste	Soumis, tranquille, simple, sincère, lymphatique, contemplatif.
Lettre bouclée Jouir	Jouisseur, gourmand, insatisfait, versatile, sensuel, passif, vaniteux, enjôleur, intéressé, égoïste.
Lettre « en dos rond » Justifier	Soumis, passif, lymphatique, nonchalant, mou, inerte, rêveur, jouisseur.
Lettre bâtonnée Jurer	Energique, entreprenant, pondéré, réfléchi, intelligent, logique, discipliné, organisé, méthodique, indépendant.
Lettre en « huit » jambage en lasso Jouer	Séducteur, exhibitionniste, lymphatique, sensuel, sentimental.
Jambage vers la gauche Jambe	Craintif, régressif, égoïste, nerveux, instable, fragile, refus d'être.
Jambage en triangle Jambe	Viril, obstiné, courageux, agressif, sévère, sérieux, intransigeant, réaliste, critique, volontaire.

Formes des lettres	Interprétations
Jambage coupé, interrompu jambe	Etat de manque, affectif, fatigué, inhibé, fragile, déséquilibré, indécis, inquiet, nerveux, instable, ambivalent.
Lettre surélevée joie	Orgueilleux, ambitieux, idéaliste, imaginatif, nerveux, inquiet, instable, trompeur, insupportable.
Jambage court, inachevé jadis	Complexé, faible, impuissant, lymphatique, mélancolique, indolent, épuisé.
Jambage en angle vers la droite javelot	Progressif, actif, entreprenant, énergique, bouillant.
Ⓛ	
Forme classique, calligraphique l	Scolaire, « instruit », poli, conventionnel, équilibré, intellectuellement moyen.
Lettre « en bâton » forme en squelette lettre	Solitaire, absolu, perfectionniste, décisif, dépouillé, pur, schématique, sévère, froid.
Finale de la lettre rigide difficile	Rigide, réfractaire, autoritaire, difficile, combatif, intransigeant, austère, rigoureux.
Lettre anguleuse haute et rétrécie lance	Conventionnel, conformiste, sec, rigide, égoïste, inquiet, solitaire.

Formes des lettres	Interprétations
Lettre retouchée	Inquiet, perfectionniste, complexé, scrupuleux.
Lettre gonflée	Enthousiaste, rocambolesque, expansif, fat.
Lettre tordue	Souffrant, complexé.
Lettre suspendue en hauteur	Rêveur, statique, hésitant, indécis, intelligence enrayée et éthérisée, inhibé, timide, paresseux, craintif.
Hampe en petite boule, en petit ballon	Renfermé, égoïste, lunaire, infantile, étonné.
Hampe en angle	Dynamique, progressif, actif, communicatif, généreux, autoritaire, extraverti.
Forme élancée	Exubérant, excessif, sensible, idéaliste, susceptible, complexé, orgueilleux, chatouilleux, méprisant.
Forme « vers la gauche »	Egocentrique, narcissique, difficile, solitaire, rébarbatif, critique, conservateur, réservé, craintif, égoïste.

Lettre classique, calligraphique	Equilibré, sobre, obéissant, discipliné, sérieux, conformiste, poli, mais aussi, personnalité double : conformiste et secrète.

Formes des lettres	Interprétations
Forme en angle aigu ferme	Fort entier, solide, sûr, sévère, austère, raide, dur, intransigeant avec lui-même comme avec les autres, ferme, rigoureux, strict, difficile mais droit et juste.
Forme en guirlande madrigal	Social, ouvert, adaptable, agréable à vivre, confiant, non violent, sensoriel, souple.
Forme en arc magistral	Elaboré, original, élégant, guindé, sérieux, refuse le médiocre, le mesquin, le moyen, orgueilleux, dissimulé.
Forme en anneaux charmant	Charmant, adroit, souple, conciliant, mondain, mais aussi rusé, diplomate, habile, léger, ingénieux, trompeur.
Forme filiforme mobile	Souple, adaptable, félin, subtil, astucieux mais inquiet, flexible, mobile, insaisissable, fragile, fuyant, évasif afin d'être inattaquable.
Forme fragmentée timide	Fatigué, timide, original, multiple, anxieux, nerveux.
Forme agrandie en longueur (4 ou 5 traits) maison	Insatisfait, fatigué ou frustré, faible, dépendant, inquiet, infantile.
Lettre isolée dans le mot : « m » solitaire ti m ide	Indépendant, misanthrope, méfiant, solitaire, égoïste, timide, émotif, spiritualité développée.

Formes des lettres	Interprétations
Finale droite horizontale, dure mainmise	Difficile, autoritaire, affirmatif, méfiant, dur, rigoureux, égoïste, intransigeant, intolérant.
Lettre serrée maladif	Prudent, craintif, égoïste, égocentrique, inquiet, dur, cassant, peu souple, peu adaptable, vide intérieur et sentimental.
Lettre ample, élargie malléable	Agréable, sociable, aimable, chaleureux, épanoui, dispendieux, généreux, envahissant, élastique, souple, imprudent et sans-gêne.
Lettre petite méticuleux	Concentré, prudent, réservé, timide, méticuleux, délicat, économe, simple, modéré, effacé, introverti, secret, dissimulé, renfermé.
Lettre haute, surélevée ambitieux	Ambitieux, exalté, excité, mondain, affecté, insatisfait, désir de « s'élever », « intellectuel », orgueilleux, imaginatif, vaniteux.
Lettre inclinée vers la gauche dissimulé	Dissimulé, craintif, solitaire, fatigué, timide, inhibé ou peureux, renfermé, égocentrique, tourmenté, insatisfait, égoïste, régressif.
Lettre ornée charmeur	Séducteur, charmeur, orgueilleux, ambitieux, vaniteux, narcissique, artiste, brillant, comédien.
Lettre diminuant en forme de glaive mordant	Intelligent, analyste, perspicace, délicat, fin, attentif, concentré, rusé, hypocrite, caustique.
Premier trait ostentatoire Monumental	Orgueilleux, brillant, arrogant, ostentatoire, vaniteux.

Formes des lettres	Interprétations

Lettre classique, calligraphique o	Obéissant, moral, conformiste, droit, fidèle, honnête, bloqué, dissimulé.
Lettre toute ronde ronde	Infantile, réceptif, passif, égoïste, jouisseur, gourmand, boudeur, dépendant, sentimental, sensuel.
Lettre serrée, écrasée oppression	Opprimé, angoissé, agressif, possessif, entêté, opiniâtre, sexualité difficile : égoïste, subjective, obsédante.
Lettre cassée angoisse	Anxieux, angoissé, sexualité contrariée, ambivalente, inquiète.
Lettre faite en « e » joueur	Dissimulé, habile, rusé, diplomate, astucieux, joueur.
Lettre ouverte vers la gauche ouverte	Infantile, régressif, capricieux, câlin, tendre.
Lettre pâteuse obsession	Sexualité empâtée, somnolent, sensuel, matérialiste, obsédé.

Lettre classique, calligraphique p	Activité équilibrée, conformiste, conventionnel, tranquille, sérieux, scrupuleux.
Lettre gonflée « en champignon » Panache	Activité engluée de bonnes intentions, chaleureux, conciliant, mou.

Formes des lettres	Interprétations
Jambage « en fuseaux » en traits doubles forme de « j » *jhisique*	Activité doublée d'un sentiment de jouissance, sensuel, physique, nerveux.
Forme en « canne » *personnel*	Travail = accomplissement de la personnalité, courageux, solitaire.
Forme en « arcade » *arcade*	Orgueilleux, ambitieux, ostentatoire.
Jambage très bas, enchevêtrement *parcours*	Exalté, excessif, effervescent, impétueux.
Jambage en « dos rond » *passif*	Passif, paresseux, oisif.
Jambage en « huit » *captif*	Séducteur, captivant, ambitieux.
Jambage en angle vers la gauche *trompeur*	Boudeur, buté, réfractaire, égocentrique, égoïste, agressif, antisocial, trompeur.
Forme très haute, jambage remplacé par une hampe *hampe*	Idéaliste, susceptible, orgueilleux, prétentieux, imaginatif, inventif, insatisfait.
Forme en « bâton » *indépendant*	Energique, volontaire, ferme, indépendant, direct, brutal, sévère, sérieux, austère.

Formes des lettres	Interprétations
Forme en angle lettre en jambes vers la droite *Vari*	Activité en progression, efficace, sociable, créateur, entreprenant, franc, dynamique, compréhensif, altruiste.
Forme artificielle ornée *complexe*	Créateur, artificiel, original, dissimulé, complexé.
Forme « en coquille » *complaisant*	Narcissique, égocentrique, séducteur, complaisant, excentrique.
Forme « en crochet » *passion*	Accrocheur, tenace, résistant, avare.
Ⓠ	
Lettre faite comme un « g » *quietude*	Agréable, sympathique, tendre, conciliant.
Lettre cassée *quiproquo*	Fatigué, désintéressé, traumatisé, passif.
Lettre en « V » jambage en angle *qualité*	Actif, dynamique, progressif, positif, chaleureux, direct, créateur.
Forme en « hélice » geste combiné *quoique*	Souple, gracieux, agréable, tendre.
Forme en « hélice » mais grande et dépassant la hauteur normale *quolibet*	Séducteur, rêveur, idéaliste, brillant, orgueilleux, vaniteux, enjoué, charmeur, plaisant.

Formes des lettres	Interprétations
Jambage en « huit » coquet	Coquet, enjôleur, passif, séduisant, capricieux.
Lettre inclinée vers la gauche quotidien	Immature, passif, infantile, sensible, récalcitrant.
Forme en dos rond quelquefois	Passif, insatisfait, timide, mélancolique, boudeur, tendre.
Jambage dirigé vers la gauche question	Egoïste, craintif, timide, égocentrique.
Forme faite à l'envers en « nœud » querelle	Indépendant, défensif, prudent, habile, intrigant.

Ⓡ

Lettre classique calligraphique r	Conformiste, lent, précautionneux, technique.
Lettre en carré sérieux	Sérieux, solide, buté.
Lettre en angle droit agressif	Soigneux, consciencieux, patient, agressif.
Lettre en accent circonflexe rapide	Rapide.

Formes des lettres	Interprétations

Lettre classique, scolaire, calligraphique t	Volontaire, réfléchi, prudent, conventionnel, tranquille, conformiste.
Lettre acérée, soit par une barre fine, pointue, aiguë, soit par une finale aiguë en « coup de fouet » critique	Intelligent, vif, critique, impatient, piquant, blessant, volonté aiguisée, électrisée, crispée, combatif.
Lettre ample, gonflée tapage	Aimable, passif, paresseux, rêveur, bon vivant, séducteur.
Lettre anguleuse par sa base, sa barre en triangle Triangle	Combatif, dominateur, sérieux, sévère, actif, honnête, loyal mais froid, intolérant, strict, intransigeant, chevaleresque.
Lettre en arcade tête	Volonté préfabriquée, imaginatif, velléitaire, complexé, contrebalancé, dissimulé.
Lettre suspendue en hauteur timide	« Econome », timide, inefficace, hésitant, craintif, inquiet, incertain.
Lettre haute surélevée impatient	Présomptueux, exalté, idéaliste, impatient, inquiet.

Formes des lettres	Interprétations
Lettre tordue fatigue	Fatigué, déficient, efforts de volonté mal alimentés.
Lettre en forme de « croix » fort	Fort, courageux, endurci, volontaire, réaliste, expérimenté.
Forme lancée, lettre en angle vers la droite ardent	Impulsif, ardent, prompt, décisif, mobile, excessif, fantaisiste, imaginatif, explosif, coléreux, emporté, fier, hautain, susceptible, désinvolte.
Lettre enchevêtrée avec celles de la ligne supérieure exalté	Exalté, imprévisible, impétueux, bouillonnant hâtif, brutal, désordonné.
Lettre descendante hampe prolongée dans le bas instinctif	Impulsif, instinctif, sexuel, actif, remuant.
Lettre en angle vers la gauche buté	Revendicateur, revanchard, maladroit, buté, obstiné, régressif.
Lettre en triangle parfait, barre « en chapeau » autoritaire	Volontaire, affirmatif, autoritaire, despote, orgueilleux, tyrannique, ostentatoire, arbitraire, inflexible.
Lettre en « huit » diplomate	Souple, efficace, diplomate, charmeur, adroit, courtois.

Formes des lettres	Interprétations
Barre « devant » la lettre *précipité*	Inefficace, précipité, empressé, imprécis, fantaisiste, distrait.
Barre « derrière » la lettre *craintif*	Volonté arrêtée, fatigué, inhibé, timide, craintif, faible, maladroit, inquiet, complexé.
Barre descendante *défaite*	Dépressif, défaitiste, triste, las, fatigué, impuissant, culpabilisé, découragé.
Barre horizontale « en chapeau » *pesant*	Volontaire, autoritaire, affirmatif, écrasant, péremptoire, pesant, tyrannique.
Barre détachée et au-dessus de la lettre *détachée*	Chimérique, imaginatif, irréaliste, difficile, incompréhensif, insaisissable.
Barre « massuée » s'épaississant en fin de trait *trait*	Courageux, énergique, décidé, explosif, coléreux, excessif.
Lettre combinée avec la suivante Barre liée *suivante*	Esprit souple, rapide, agile, ferme, intelligent, efficace, intuitif.
Lettre en lasso barre en lasso *intrigant*	Intrigant, dissimulé, plaisant, gentil, mais habile, rusé, sournois.

2/6 YI-KING

•

DIVINATION PAR LES BAGUETTES D'ACHILLEE

•

PRESENTATION DE LA METHODE
NOUS SOMMES TOUS RADIOACTIFS...

Tout, sur Terre comme au Ciel – pour reprendre une formule biblique – émet des rayons. La plus petite cellule – microcosme – comme la plus grande concentration de cellules – macrocosme – émettent des radiations, c'est-à-dire des énergies qui se propagent sous forme d'ondes.

Certaines sont lumineuses et bien visibles, par exemple celles du soleil, d'autres sont invisibles mais tout aussi actives, on les appelle infrarouges et ultraviolets.

Certaines sont sonores et audibles, d'autres sont sonores mais inaudibles pour nos oreilles d'humains. On les appelle des ultrasons.

Tout dans l'univers possède un rayonnement qui se propage à travers l'espace et la matière, dont notre corps.

C'est le rayonnement solaire qui est à la source de toute l'énergie disponible sur la terre. C'est son intensité qui règle les climats des diverses régions de la planète Terre. Ce qui permet le développement de la vie sous toutes ses formes.

Mais une question reste posée : « D'où viennent les radiations cosmiques qui remplissent l'espace ? » « Proviennent-elles de l'intérieur de notre galaxie, des nébuleuses les plus lointaines, des immenses espaces interplanétaires que l'on dit vides de matière... ? »

Nous « irradions » continuellement, sans que nous le voulions ou que nous le sachions toujours, des influences positives mais aussi des influences négatives.

Notre corps, bien sûr, comme toutes matières concrètes, mais aussi nos mouvements, nos paroles et enfin nos pensées et nos silences... irradient.

Nous vivons dans un univers de courants de forces, tantôt parallèles, tantôt contraires, dans une marée de vagues montantes et descendantes, dans un maelström de vents tourbillonnants.

Et cette circulation d'ondes agit sur le plan matériel et corporel, mais aussi, d'une façon plus subtile, sur le plan de l'âme.

NOUS SOMMES TOUS YIN-YANG...

Le but de la divination par le Yi-king est de connaître les conséquences de ces irradiations sur l'être humain.

Cette connaissance, qui permet de retrouver le passé, de visualiser le présent et de voir le futur, se fait par des outils de travail divinatoires métaphysiques.

En effet, les baguettes d'Achillée – ou d'une manière plus occidentale, les cartes ou les jetons – sont des intermédiaires entre le supraconscient de l'homme et les ondes de forces en question.

Mais attention, il faut absolument accepter le mode de pensée chinois pour obtenir des messages efficaces.

Le mental occidental fonctionne selon des principes de logique cartésienne. Le concret l'emporte sur l'abstrait. Or, c'est tout à fait l'inverse pour l'esprit oriental.

En conclusion, pour pratiquer la divination par le Yi-king, deux conditions – ou plutôt conditionnements – sont indispensables.

* Accepter, sans chercher à le comprendre parfaitement, le principe Yi-king du changement et de la métamorphose. Autrement dit, il ne faut pas espérer une réponse divinatoire directe et au présent.
Les réponses du Yi-king sont indirectes car « en aval ». Le sachant, il y a une manière particulière d'interroger le Yi-king. Les questions doivent faire mention d'une transformation positive, d'une amélioration à venir, formulée sous la forme de « est-ce que... ? »

* La seconde condition est d'accepter le langage symbolique, poétique et imagé du Yi-king. Si à la question, « vais-je devenir riche ? », la réponse est : « un dragon vole haut dans le ciel... », il est évident qu'une interprétation au premier degré laisser songeur.

L'image est forte mais le message est poétiquement abstrait.

En revanche, si cette réponse est replacée dans la symbolique Yi-king, si elle est méditée et « transformée », le message devient limpide et d'une remarquable précision. Et il est surtout efficace sur le plan philosophique, psychologique et humain.

UNE TORTUE ET UN DRAGON

Le Livre des Métamorphoses – appelées aussi *des Changements* – est un produit typiquement chinois.

Son inventeur est l'empereur Fou-Hi qui, dit la légende, aurait découvert le dessin des huit trigrammes – trois lignes de deux ou un trait – sur la carapace d'une tortue.

Une autre légende raconte que Fou-Hi aurait reçu la révélation des trigrammes de la bouche d'un dragon sorti d'un fleuve.

Les trigrammes furent l'objet de manipulations intellectuelles jusqu'au jour où un autre illustre personnage, le roi Wen, associa deux séries de trigrammes qui devinrent des hexagrammes – six lignes d'un ou deux traits.

Le Yi-king était né.

Les 64 hexagrammes (huit trigrammes x huit trigrammes = 64) intéressèrent Confucius qui rédigea des textes d'interprétations.

Vers l'an 200 après Jésus-Christ, un savant, Wang Pi, analysa les manuscrits. Il donna aux textes divinatoires une portée philosophico-ésotérico-moralisatrice, en y introduisant des commandements de sagesse basés sur le principe de l'éternel retour ou du perpétuel recommencement.

Le symbolisme du Yin/Yang s'exprime par un cercle. Celui-ci est divisé par une ligne verticale sinueuse, en une partie blanche et en une partie noire.

Ces deux parties égales contiennent une pastille de la couleur opposée.

Il y a donc huit trigrammes. Chaque trigramme est composé de trois traits. Des traits continus YANG – ce symbole veut dire oui – et/ou deux traits discontinus YIN – ce symbole veut dire non.

On peut dire que les huit trigrammes portent un nom et plusieurs prénoms. Le nom définit le principe et les prénoms indiquent un attribut, un lien de parenté, une qualité.

Voici le tableau des huit trigrammes avec leurs noms et leurs prénoms.

TABLEAU DES TRIGRAMMES

– Trois traits continus –

NOM	PRÉNOMS
KHIEN	
La Perfection active ou le Créatif	Le Ciel, le Soleil, le Sud, l'Eté, l'Homme, le Viril, le Père, l'Energie créatrice, le Divin céleste, la Puissance, la Pérennité, le Régulateur de l'ordre, les « Fils du Ciel », la Perfection de l'Esprit, la Source de la Lumière, de la Chaleur et de la Vie, le Cheval, la Tête, le Prince, l'Or, le Rouge foncé, la Pierre précieuse.

– Trois traits discontinus –

NOM	PRENOMS
KHOUEN	
La Perfection passive ou le Réceptif	La Terre, le Nord, l'Hiver, la Femme, la Lune, la Mère, le Principe passif, la Réceptivité, la Soumission, la Douceur, l'Humilité, l'Humus, les Sources de l'Etre et de la Vie, le Ventre, la Fécondité, la Terre promise, le Bœuf, la Hache, la Foule, le Noir, la Jupe, l'Etoffe, le Manche d'un objet, le Sac, la Louche.

– Deux traits discontinus, un trait continu –

NOM	PRENOMS
TSHEN	
L'Ebranlement ou le Stimulant	Le Tonnerre, le Printemps, le Nord-Est, le Premier Fils, le Mouvement, la Menace divine, le Dérèglement de l'Ordre cosmique, le Tambour, le Corbeau, la Précipitation, le Jaune sombre, le Fils aîné, les Pieds, le Retour à la Vie.

– Un trait discontinu, un trait continu, un trait discontinu –

NOM	PRENOMS
KHAN	
L'Abîme ou l'Insondable	L'Eau, l'Ouest, l'Automne, l'Oreille, le Fossé plein d'Eau, l'Occulte, la Corde de l'Arc, le Rouge, l'Appartement intérieur, le Renard, le Malaise du cœur.

– Un trait continu, deux traits discontinus –

NOM	PRENOMS
KEN	
L'Arrêt ou le Calme	Le Repos, la Montagne, le Troisième Fils, la Main, le Renard, la Petite Pierre, la Fermeture de la porte, le Moine, le Doigt, le Nord-Ouest, le Début de l'hiver.

– Deux traits continus, un trait discontinu –

NOM	PRENOMS
SOUN (ou SUN ou SIUAN)	
La Douceur ou le Pénétrant	Le Bois, le Vent, la Jeune Fille adulte, le Sud-Ouest, la Fin de l'été, la Branche de l'arbre, la Couleur blanche, l'Odorat, la Trame de l'étoffe, la Poule, la Cuisse.

– Un trait continu, un trait discontinu, un trait continu –

NOM	PRENOMS
LI	
Le Feu ou le Lumineux	L'Œil, l'Eclair, l'Arme du soldat, la Tortue, le Fruit, les Reptiles, l'Est, le Printemps, le Faisan.

– Un trait discontinu, deux traits discontinus –

NOM	PRENOMS
TUI	
La Satisfaction ou la Vapeur	Le Marée, le Sud-Ouest, le Début de l'été, la Joie, le Lac, le Bélier, la Bouche, la Petite Fille, la Concubine.

TABLEAU DES 64 HEXAGRAMMES

A/ Premier Trigramme : Les 3 premiers traits/ligne horizontale
B/ Deuxième Trigramme : Les 3 autres traits/ligne verticale

B \ A	KHIEN —— —— ——	TSHEN - - - - ——	KHAN - - —— - -	KEN —— - - - -	KHOUEN - - - - - -	SOUN —— —— - -	LI —— - - ——	TUI - - —— ——
KHIEN —— —— ——	1	34	5	26	11	9	14	43
TSHEN - - - - ——	25	51	3	27	24	42	21	17
KHAN - - —— - -	6	40	29	4	7	59	64	47
KEN —— - - - -	33	62	39	52	15	53	56	31
KHOUEN - - - - - -	12	16	8	23	2	20	35	45
SOUN —— —— - -	44	32	48	18	46	57	50	28
LI —— - - ——	13	55	63	22	36	37	30	49
TUI - - —— ——	10	54	60	41	19	61	38	58

GUIDE DES INTERPRETATIONS DES 64 HEXAGRAMMES SACRES

N° 1 L'ENERGIE CREATRICE – YANG KHIEN –

La voie choisie est bonne. Le soleil se lève... Réussite grâce à l'énergie et la fermeté. Ne pas cesser ses efforts.

N° 2 LA SENSIBILITE PASSIVE - KHOUEN –

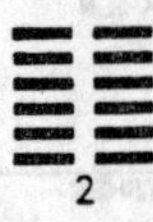

Conseils « d'activité obéissante ». Ne pas prendre d'initiatives.

N° 3 LES OBSTACLES UTILES – TSHOUEN -

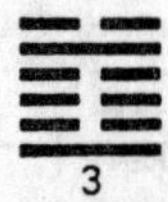

Tout vient à point à qui sait attendre.

N° 4 CHERCHER UN GUIDE – MONG –

Le conseil est de « demander conseil ».
Il faut connaître ses limites pour éviter les dangers.

N° 5 L'ATTENTE POUR AVANCER – SU –

Surtout ne pas se laisser entraîner prématurément par des belles paroles.

N° 6 LE RECOURS A LA JUSTICE – SONG –

Idée de conflit. Il faut consulter « ceux qui savent ».

N° 7 LE CHEF MILITAIRE – SHI –

Message heureux, annonciateur de victoires et de succès. A condition de bien s'organiser et d'être discipliné.

N° 8 LE RAPPROCHEMENT – PI –

La participation et l'union permettent de franchir les obstacles.

N° 9 LA FORCE DU PETIT – SIAO TSHOU –

Invitation à une résistance passive. Les obstacles seront solutionnés par la douceur et non par la force.

N° 10 L'OBEISSANCE AUX REGLES – LI –

Message de victoire et de grande responsabilité à condition de suivre l'ordre naturel des choses et les bons principes d'éducation.

N° 11 LA PAIX – THAE –

Harmonie des énergies. Entente et prospérité.

N° 12 LA CHUTE AVANT L'APOGEE – P'I –

Mieux vaut ne rien entreprendre et garder ses énergies.

N° 13 LA REUNION DES FORCES – THONG JEN –

L'union de plusieurs personnes permet de réaliser de très belles actions et de résoudre les problèmes.

N° 14 LA PERFECTION COMPLETE – TAE YEOU –

Message de grande liberté et de grand bien. Le soleil brille...

N° 15 LA MODESTIE ECLATANTE – KHIEN –

L'homme modeste s'élève. Le conseil est d'être sincère et humble.

N° 16 LA SATISFACTION PAR LES GRANDS - YU -

« Les chefs ont toujours raison... »

N° 17 LA VOIE RATIONNELLE - SOUEI -

La vérité – et la victoire – viennent de la compréhension de l'origine première des choses.

N° 18 TROIS JOURS AVANT, TROIS JOURS APRES... - KOU -

Le conseil est de réfléchir sur les problèmes, sur ce qui ne va pas, « trois jours avant et trois jours après ».

N° 19 LA SURVEILLANCE - LIN -

Le conseil est de se préparer à des changements. Préparer les moments critiques, c'est déjà les résoudre.

N° 20 ETRE COMME UN PHARE - KOUAN -

Conseil d'observer, de contempler, de faire attention... Le succès se trouve dans la méditation.

N° 21 « AVOIR QUELQUE CHOSE DANS LA MACHOIRE » - SHE HO -

Indication d'un obstacle qui empêche de faire, de dire. Seules une persévérance et une combativité réfléchies peuvent résoudre les problèmes.

N° 22 L'ORDONNANCEMENT - PI -

La mise en ordre des idées et des choses permettra des résultats.

N° 23 SE SOUMETTRE AU REPOS – PO –

Idée d'éclatement, d'usure. Le message est important : rester ferme, tranquille, « debout malgré les insectes ».

N° 24 LE TEMPS DU RETOUR – FOU –

Le présage est heureux : après la tristesse et les difficultés, arrive le succès. Retour de la liberté, de la lumière.

N° 25 L'EXTREME SINCERITE – WOU WANG –

Le conseil est d'écouter « la voix intérieure de sa nature ». Le succès viendra de la droiture et de l'absence de désordre.

N° 26 LES PROFITS DE L'EXPERIENCE – TAE TSHOU –

Le conseil est d'étudier le passé, d'accumuler de l'expérience, d'augmenter ses propres qualités au contact des autres.

N° 27 LA NOURRITURE – YI –

On ne peut pas vivre sans nourriture. Attention aux paroles. Message de prudence et de circonspection.

N° 28 LA PREPONDERANCE DU GRAND – TAE QUO –

Pour réussir, il faut des aptitudes « plus grandes que celles des hommes ordinaires ».

N° 29 UTILISER LES OBSTACLES – KHAN –

Les dangers sont contournés par la tranquillité, l'observation et la continuité dans les efforts.
Le conseil est d'utiliser les obstacles pour se défendre.

N° 30 LE FEU MAITRISE – LI –

Le feu peut être positif et négatif selon notre compétence ou notre négligence.
Message de réussite « lumineuse » si le feu – les efforts, les travaux, les amours... – sont maîtrisés.

N° 31 LE MARIAGE HEUREUX – HIEN –

S'il y a fermeté, sincérité, tolérance, dialogue..., la paix et l'harmonie régneront dans le couple, entre les êtres.

N° 32 LA DUREE – HONG –

Il y aura durée et constance, fidélité et harmonie, s'il y a acceptation de « l'ordre des choses ». Rôle de l'éducation, de la patience.

N° 33 LA RETRAITE – THOUEN –

Il y a intérêt à ne pas étaler ce que l'on sait, à se retirer en arrière, à s'abstenir de faire, de dire.

N° 34 LA GRANDE FORCE – TAE TSHONG –

Le message est heureux car il y a liberté d'action, énergie et expansion. Il est recommandé une certaine austérité et de la politesse.

N° 35 LE PROGRES – STIN –

Idée de rayonnement, de développement, de progrès. Le message est très heureux.

N° 36 LA LUMIERE BLESSEE – MING YI –

36

Conseil de ne pas être trop intelligent, de ne pas être trop sévère et intolérant.
Il faut savoir « utiliser les ombres car la lumière dévore tout ».

N° 37 LA FEMME AU FOYER – KIA JEN –

37

Rôle et influence importante de la femme (épouse, mère, sœur...).
Importance d'une autorité.

N° 38 LA FEMME ET LA PETITE – KHOUEI –

Attention à des oppositions, à des tendances opposées. Seule une discipline à la moralité et au bon sens permettra de vaincre les obstacles.
Le conseil est de distinguer et de séparer. Les petites affaires réussiront.

N° 39 LA CAPACITE DE S'ARRETER – KIEN –

Attention à des obstacles et à des dangers. Il ne faut pas courir, il ne faut pas s'arrêter non plus. Il ne faut pas braver les adversaires, mais il ne faut pas non plus fuir.

N° 40 LA DELIVRANCE DES SOUCIS – KIAE –

Tout s'apaise. Mais il faut agir sans précipitation. Le conseil est de rester calme, de pardonner et d'être charitable.

N° 41 CALMER LA COLERE – SOUEN –

Il y aura décroissance et perte si la colère, le dépit, l'amertume, la susceptibilité ne sont pas contrôlés. Le conseil est aussi d'écouter un plus fort.

N° 42 LA CROISSANCE – YI –

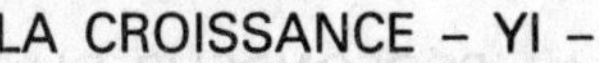

Le conseil est d'entreprendre, de voyager, mais aussi de corriger ses erreurs.
Une ascension est prévue, dont il faut profiter à l'instant.

N° 43 LA FOI QUI GUIDE – KOUAE –

43

Message de détermination mais aussi de réglementation. Les périls seront surmontés par une énergie tolérante.
Pas d'excès, pas de violence, mais de l'analyse, de la méditation, de la surveillance.

N° 44 LA RENCONTRE – KEOU –

44

Message d'union. Energie développée qui permet de combattre ce qui est négatif. Il faut s'abstenir de s'emporter.

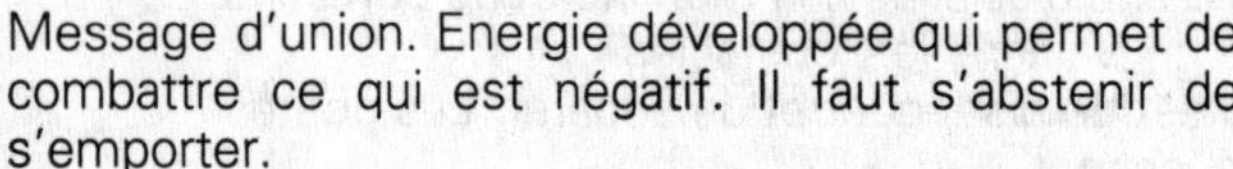

N° 45 ACCEPTER LES INVITATIONS – TSOUEI –

45

Le moment est aux réunions, aux rassemblements. En se pliant « à la raison d'être des choses », le succès est annoncé. Il y a intérêt à prendre conseil.

N° 46 LA LIBERTE D'EXPANSION – SHENG –

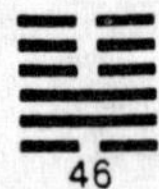

46

Message d'élévation, de rencontres avec des personnes importantes. Le conseil est de ne pas s'inquiéter des insuccès du moment qui ne seront que temporaires.

N° 47 UN MOMENT DE MALHEUR – KOUEN –

47

Message de tristesse et d'abattement.
S'incliner devant le destin et profiter des opportunités permet de survivre. Le conseil est au silence et au secret.

N° 48 LA PROFONDEUR DU PUITS – TSING –

48

Le conseil est de puiser en soi des énergies nouvelles. Il ne faut pas désespérer si rien ne se passe car « le puits est profond »...

Nº 49 LA REVOLUTION UTILE – KAO –

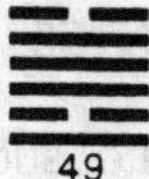

Il faut vivre dans le renouvellement et supprimer ce qui est usé.
A condition d'être sincère et juste, prudent et observateur, des changements heureux se produiront.

Nº 50 LA MARMITE – TING –

S'il y a honnêteté, calme et fermeté, obéissance aux règles... alors le présage est heureux.
Des changements dans la liberté sont promis.

Nº 51 NE PAS CRAINDRE LA FOUDRE – TSHEN –

Le conseil est de garder son sang-froid en toutes circonstances.
Réfléchir sur ses erreurs et ses négligences est la bonne voie.

Nº 52 SAVOIR S'ARRETER – KEN –

Le repos suit l'action.
Le conseil est de s'extraire des autres, de rester au repos mais en étant prêt à saisir toute opportunité.

Nº 53 LA PROGRESSION RAISONNABLE – TSIEN –

Une progression lente est assurée.
Le conseil est d'obéir aux traditions et d'avancer avec méthode.

Nº 54 LA PASSION DANGEREUSE – KOUEI MEI –

Attention à ne pas perdre le sens du devoir, de la raison et de la logique.
Des relations amoureuses seront difficiles.

Nº 55 LA PERFECTION ACHEVEE – FONG –

Le succès est assuré à condition qu'il n'y ait pas excès dans la perfection.
Il faut découvrir quelle est la « voie » rationnelle de la grandeur qui n'est pas forcément la splendeur.

Nº 56 NE PAS RESTER EN PLACE – LOU –

Attention à ne pas perdre une situation, une position, un amour.
Le péril vient de l'inconvenance, de l'irresponsabilité et de l'imprudence. C'est en voyageant que des profits seront obtenus.

Nº 57 LE VENT DOUX – SOUEN –

La simplicité et la modestie l'emportent sur la force. C'est en étant flexible et adaptable que des succès seront possibles.

Nº 58 LA RECIPROCITE SEREINE – TUI –

C'est par l'amabilité, la gentillesse, la souplesse de caractère, la sympathie que les succès arriveront.

Nº 59 LA DISPERSION – HOAN –

Seules la justice et l'observation des principes permettront d'éviter une séparation et une dispersion pénibles.

Nº 60 SUIVRE LES REGLEMENTATIONS – TSIE –

Il est important de définir ce qui doit être fait et de limiter les désirs et les efforts.
Le message est de ne pas s'arrêter devant les dangers, mais de les « borner ».

N° 61 LA FOI INTERIEURE – TSHONG FOU –

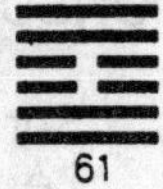

Pour influencer les partenaires et vaincre les adversaires, il faut de la bonne foi et de la confiance en soi. La certitude et la droiture sont des armes positives.

N° 62 ALLER AU-DELA – SIAO KUO –

Conseil de ne pas s'intéresser « aux petites choses ». Mais en même temps, il ne faut pas s'enthousiasmer pour de grandes choses.
Un juste milieu entre « monter et descendre », « se rebeller et se soumettre » doit être trouvé.

N° 63 EVITER LA REGRESSION – KI TSI –

Le conseil est d'être ferme pour garder les choses acquises.
S'il n'y a plus progression vers l'avant, il peut y avoir régression en arrière... Le conseil est de prévoir à l'avance ce qui peut arriver.

N° 64 LE BON DISCERNEMENT – VI TSI –

Attention à bien régulariser les choses et à bien finir ce qui a été entrepris.
De la prudence est nécessaire pour garder sa liberté.

CONSULTATION

La consultation peut être très simple ou très compliquée.

Quand on parle de chinoiseries, le cérémonial du Yi-king en est un exemple parfait !

Mais le rituel très complexe a son utilité philosophique et sacrée. Les complications sont faites pour dérouter et lasser les consultants impatients ou incapables de se mettre « en état second ». Tant pis pour eux !

Pour eux, il existe deux cérémonials simplifiés. Les voici.

CONSULTATION AVEC UN JEU DE 64 CARTES

Sur chacune des cartes figure un hexagramme.
Le cérémonial est le suivant :

* Brasser les 64 cartes.
* Les étaler.
* Choisir « au hasard » une carte.
* Lire le message divinatoire dans le guide des interprétations des 64 hexagrammes.

CONSULTATION AVEC TROIS PIECES DE MONNAIE OU TROIS JETONS

Le cérémonial est le suivant :

* Lancer six fois les trois pièces ou les trois jetons.
* Noter les traits visibles.

La combinaison des traits sur les trois pièces ou les trois jetons peut être :

1/ Trois traits continus ☰
2/ Trois traits discontinus ☷
3/ Deux traits continus et un trait discontinu ☱
4/ Deux traits discontinus et un trait continu ☶

* Vous obtenez avec les six jetés, un ensemble de traits qui entrent dans la combinaison d'un hexagramme.

* Les six traits sont obtenus par la conversion des traits qui figurent sur les trois pièces ou les trois jetons.

La conversion est la suivante :

1/ Trois traits continus donnent un trait YANG ;
2/ Trois traits discontinus donnent un trait YANG ;
3/ Deux traits continus et un trait discontinu donnent un trait YIN ;
4/ Deux traits discontinus et un trait continu donnent un trait YIN.

* Pour faciliter la lecture, les trois premiers ensembles de traits, appelés trigrammes, se trouvent dans la rangée horizontale À sur le tableau et

les trois autres ensembles de traits définissant le deuxième trigramme (B), se trouvent sur la colonne verticale sur le tableau.

* La rencontre des deux colonnes, verticale et horizontale, donne un chiffre qui est celui de l'hexagramme concerné.

* Lire le message divinatoire portant le numéro référencé dans le guide des interprétations.

EXEMPLE D'UNE CONSULTATION DU YI-KING PAR UN JETE DE TROIS PIECES OU JETONS

1/ Premier jeté de trois pièces
Résultat :

Première pièce, un trait continu YANG
Deuxième pièce, un trait continu YANG
Troisième pièce, deux traits discontinus YIN

Conversion :

L'addition des traits YANG + YANG + YIN donne YIN

2/ Deuxième jeté de trois pièces
Résultat :

Première pièce, deux traits discontinus Yin
Deuxième pièce, un trait continu YANG
Troisième pièce, deux traits discontinus YIN

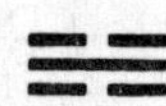

Conversion :

L'addition YIN + YANG + YIN donne YIN

3/ Troisième jeté de trois pièces
Résultat :

Première pièce, un trait continu YANG
Deuxième pièce, un trait continu YANG
Troisième pièce, un trait continu YANG

Conversion :

L'addition YANG + YANG + YANG donne YANG

4/ Quatrième jeté de trois pièces
Résultat :

Première pièce, un trait continu YANG
Deuxième pièce, un trait continu YANG
Troisième pièce, un trait continu YANG

Conversion :

L'addition YANG + YANG + YANG donne YANG

5/ Cinquième jeté de trois pièces
Résultat :

Première pièce, deux traits discontinus Yin
Deuxième pièce, deux traits discontinus Yin
Troisième pièce, deux traits discontinus Yin

Conversion :

L'addition YIN + YIN + YIN = YANG

6/ Sixième jeté de trois pièces
Résultat :

Première pièce, un trait continu Yang
Deuxième pièce, deux traits discontinus Yin
Troisième pièce, deux traits discontinus Yin

Conversion :

L'addition de YANG + YIN + YIN donne YIN

Récapitulatif :

Premier jeté YIN
Deuxième jeté YIN
Troisième jeté YANG
Quatrième jeté YANG
Cinquième jeté YANG
Sixième jeté YIN

Les jetés 1, 2 et 3 constituent le premier trigramme. Ils sont constitués des traits YIN, YIN, YANG, correspondant sur le tableau des 64 hexagrammes, colonne horizontale, au mot TSHEN (en deuxième position).

Les jetés 4, 5 et 6 qui constituent le deuxième trigramme, sont composés de YANG, YANG, YIN. Ils correspondent sur le tableau des 64 hexagrammes, colonne verticale de gauche, au mot SOUN (en sixième position).

Le message divinatoire est le numéro 32. Cette case correspond à la rencontre des colonnes verticale TSHEN et horizontale SOUN. Le nom du texte numéro 32 est HONG ou HENG qui veut dire la Durée.

CONSULTATION AVEC DES TIGES D'ACHILLEE

La consultation avec les tiges d'Achillée, ou n'importe quelles baguettes, est complexe.

Toute une suite de manipulations est à faire pour arriver à un message divinatoire.

Le rituel est le suivant :

* Disposer 49 tiges d'Achillée, ou 49 baguettes, sur une table.
* Diviser les 49 baguettes en deux piles inégales.
Cette division doit se faire d'une manière tout à fait aléatoire.

* Placer une tige – prise dans la pile de droite avec la main droite – entre l'auriculaire et l'annulaire de la main gauche.
* Prendre – toujours de la main droite – des baguettes de la pile de gauche, quatre par quatre, jusqu'à ce qu'il n'en reste que quatre, trois, deux, ou une.
* Placer les baguettes restant entre l'annulaire et le majeur de la main gauche.
* Faire la même chose avec la pile de droite.
* Placer les quatre baguettes restantes entre le majeur et l'index.
* Mettre de côté les baguettes, toujours de la main gauche.
* Faire une pile des baguettes qui ont été écartées, quatre par quatre.
* Répéter deux fois le cérémonial. En tout, cela fait trois fois.

Il reste trois piles de baguettes. Ajouter les baguettes les unes aux autres.

Un total de treize, dix-sept, vingt et un ou vingt-cinq baguettes est obtenu.

Ce nombre est « converti » en trait YANG ou YIN.

Quand l'hexagramme est fait – avec six traits –, consultez le guide des interprétations pour obtenir le message.

RECOMMANDATIONS POUR UNE CONSULTATION

La divination par le Yi-king n'est pas un simple jeu de prédiction.

Cette méthode, pour être utile sur le plan mental, physique et psychologique, exige deux conditions.

1/ Une mise en condition physique est souhaitable.
Il faut choisir pour la consultation un endroit calme et plutôt sombre. Il est recommandé de faire brûler un bâtonnet d'encens pour aider au recueillement.
Un quart d'heure de méditation silencieuse permet un conditionnement mental bénéfique.

2/ La question doit être formulée selon les principes du changement et de la métamorphose.
Il ne faut jamais oublier en effet que le Yi-king est un livre de sagesse dont les messages doivent être lus et compris à deux vitesses.

* Une vitesse rapide qui correspond à une question ponctuelle, clairement posée demandant une décision immédiate.
* Une vitesse lente – et même très lente – dans la mesure

où le message propose des réflexions, des méditations, des recherches littéraires, philosophiques, symboliques...

Le principe du Changement et de la Métamorphose doit être parfaitement intégré au mode de pensée. Il s'agit bien là d'une nouvelle, ou autre, manière de poser – et de se poser – des questions.

Par exemple, il ne faut pas poser la question : « Vais-je réussir cet examen ? »

Mais il faut la dissocier en deux ou trois questions en utilisant une formulation interrogative conforme au principe d'une transformation.

Et les questions peuvent être : « Cet examen est-il important pour moi ? », « Cet examen, si je le réussis, m'apportera-t-il des satisfactions ? », « Cet examen, si je ne le réussis pas, était-il essentiel pour mon évolution ? », « N'existe-t-il pas un autre examen plus important pour mon évolution ? ».

3/ Les réponses doivent être interprétées avec attention, précision, patience et prudence.

En effet, chaque mot, chaque image, chaque symbole, surtout ceux qui semblent hors sujet, trop poétiques, trop abstraits... contiennent une parcelle de vérité.

Il faut réellement saisir l'à-propos et comprendre les suggestions dissimulées dans les images. C'est au-delà des mots et des informations que se trouve le vrai message.

TABLEAU DE CONVERSION DES TRAITS YIN ET YANG

Quatre possibilités sont à analyser.

1/ Trois traits continus YANG + YANG + YANG donnent un trait YANG.

2/ Trois traits discontinus YIN + YIN + YIN donnent un trait YANG.

3/ Deux traits continus et un trait discontinus
YANG + YANG + YIN donnent un trait YIN.

4/ Deux traits discontinus et un trait YANG
YIN + YIN + YANG donnent un trait YIN.

TROISIEME PARTIE

DICTIONNAIRE DES METHODES DIVINATOIRES

ABACOMANCIE
Divination avec des tablettes de références ou abaques.

ACHILLEOMANCIE
Voir Yi-king.

ACUTOMANCIE
Divination par les aiguilles, les épingles.

AGALMATOMANCIE
Divination par les statues.
Il s'agit d'un subterfuge car si les statues parlaient, c'est bien parce qu'un prêtre était caché à l'intérieur !

AIGOMANCIE ou ALGOMANCIE
Divination par les chèvres.
Cette divination était surtout pratiquée à Delphes.

ALECTRYONOMANCIE
Divination par les coqs.

ALOMANCIE
Divination par le sel.
Il nous en reste le mauvais présage du sel renversé.

ANEMOMANCIE (ANEMOSCOPIE)
Divination par l'interprétation de l'action du vent, sa force, sa direction.

ANTHROPOMANCIE (HARUSPICINE)
Divination par l'homme.
La méthode consiste à sacrifier un être humain afin de recueillir, avec son dernier souffle, des présages.

ARACHNOMANCIE
Divination par les araignées.

ARITHMOMANCIE
Divination par les nombres.

ASTRAGALOMANCIE
Divination par les osselets.

ASTROLOGIE
Divination par les astres.

AUGURES ET AUSPICES
Divination par les oiseaux.
Vol, cris, appétit... tout est bon pour ce type de divination.

BACTROMANCIE
Divination au moyen d'un crapaud.
La bave du crapaud est renommée dans la préparation de certains filtres connus des sorcières et des reines de France !

BELOMANCIE
Divination par les flèches.

BIBLIOMANCIE
Divination par les livres.

BOTANOMANCIE
Divination par les plantes.

CAFEDOMANCIE
Divination par le marc de café.

CARTOMANCIE
Divination par les cartes.

CATOPTROMANCIE ou CRISTALLOMANCIE
Divination par les miroirs.

CHIROMANCIE
Divination par les formes et les lignes de la main.

CHRESMOLOGIE
Divination « directe ».

CLEIDOMANCIE
Divination par les clés.

CORACOMANCIE
Divination par les corbeaux.

CYNOMANCIE
Divination par les chiens.

DENDROMANCIE
Divination par les arbres.

ENCROMANCIE
Divination par les taches d'encre.

FA
Forme de géomancie, spécialité africaine.

GEOMANCIE
Divination par la terre.

GRAMMATOMANCIE
Divination par les lettres de l'alphabet.

GRAPHOMANCIE
Divination par l'écriture.

HARUSPICINE
Divination par les entrailles des animaux.

HYDROMANCIE
Divination par l'eau.

KEROMANCIE
Divination par la cire.

KIBOMANCIE (KUBOMANCIE)
Divination par les dés.

LAMPADOMANCIE ou LYCHNOMANCIE
Divination par les lampes.

LITHOMANCIE
Divination par les pierres.

LUBUKU
Divination africaine par des moyens divers.

NECROMANCIE
Divination par l'évocation des morts.

ONIROMANCIE
Divination par les rêves.

ONOMANCIE
Divination par le nom (et le prénom).

OOSCOPIE
Divination par les œufs.

ORNITHOMANCIE
Divination par les oiseaux.

PEGOMANCIE
Divination par les sources.

PHARMACOMANCIE
Divination au moyen de produits chimiques (drogues, hallucinogènes, vapeurs méphitiques...).

PHYSIOGNOMONIE ou MORPHOMANCIE
Divination par les formes du visage et du corps.

PHYLLOMANCIE
Divination par les feuilles.

RADIESTHESIE
Divination par les baguettes de coudrier ou le pendule.

SYMBOLOMANCIE
Divination par les symboles.

YI-KING
Divination par les baguettes d'Achillée.

Table des matières

DEUXIEME PARTIE
LES GRANDS CLASSIQUES

TROISIEME PARTIE
DICTIONNAIRE DES MÉTHODES DIVINATOIRES

Cet ouvrage a été réalisé par la
SOCIÉTÉ NOUVELLE FIRMIN-DIDOT
Mesnil-sur-l'Estrée
en décembre 1996

Imprimé en France
Dépôt légal : janvier 1997
N° d'édition : 96182 – N° d'impression : 35612
ISBN : 273-820-959-9
33-5959-3